La répartition des obligations entre les parties au bail rural en matière de plantations

Logiques Juridiques

Fondée par Gérard Marcou

Dirigée par Jean-Claude Némery et Thomas Perroud

Le droit n'est pas seulement un savoir, il est d'abord un ensemble de rapports et pratiques que l'on rencontre dans presque toutes les formes de sociétés. C'est pourquoi il a toujours donné lieu à la fois à une littérature de juristes professionnels, produisant le savoir juridique, et à une littérature sur le droit, produite par des philosophes, des sociologues ou des économistes notamment.

Parce que le domaine du droit s'étend sans cesse et rend de plus en plus souvent nécessaire le recours au savoir juridique spécialisé, même dans des matières où il n'avait jadis qu'une importance secondaire, les ouvrages juridiques à caractère professionnel ou pédagogique dominent l'édition, et ils tendent à réduire la recherche en droit à sa seule dimension positive. À l'inverse de cette tendance, la collection « Logiques juridiques » des éditions L'Harmattan est ouverte à toutes les approches du droit. Tout en publiant aussi des ouvrages à vocation professionnelle ou pédagogique, elle se fixe avant tout pour but de contribuer à la publication et à la diffusion des recherches en droit, ainsi qu'au dialogue scientifique sur le droit. Comme son nom l'indique, elle se veut plurielle.

Dernières parutions

Nadine NAJEM, *Théorie des intérêts moratoires*, 2024.

Caroline PELOSO, *L'autorité de la chose jugée au pénal à l'égard des décisions européennes, Essai de droit comparé franco-italien*, 2023.

Bamba Nonféni Michel ZARATIONON, *Les mesures provisoires de la CourADHD. Le contentieux du provisoire devant la Cour Africaine des droits de l'Homme et des Peuples*, 2023.

Jean LEFEBVRE, *Le droit du financement participatif (crowdfunding). Deuxième édition*, 2023.

Lucie CLUZEL-MÉTAYER et Arnaud SÉE (dir.), *Eléments de droit public du numérique*, 2023.

Marion Ricoeur

La répartition des obligations entre les parties au bail rural en matière de plantations

L'Harmattan

5-7, rue de l'École-Polytechnique, 75005 Paris

http://www.editions-harmattan.fr

ISBN : 978-2-336-41739-4
EAN : 9782336417394

Chez nous, les hommes devraient naître plus heureux
et plus joyeux qu'ailleurs,
car je crois que le bonheur vient aux hommes qui naissent
là où l'on trouve le bon vin »
Léonard De Vinci

Remerciements

Je tiens à remercier chaleureusement Madame la Professeure Jocelyne Cayron pour sa disponibilité, ses cours dispensés avec passion et la bienveillance dont elle a su faire preuve à mon égard tout au long de ces deux années de master.

Je remercie également Madame Anne Pélisson de la FDSEA de Gironde ainsi que Mesdames Aurélie Pacquelet et Marilou Ferrand de la FDSEA des Bouches du Rhône de m'avoir accordé du temps pour échanger sur le sujet de mon mémoire et donné des pistes de réflexion.

Je remercie les intervenants professionnels pour la formation dispensée tout au long de ce master ainsi que l'équipe pédagogique de l'institut de droit des affaires.

Je remercie enfin mon mari pour son soutien et sa relecture.

Sommaire

INTRODUCTION

Le statut du fermage a été introduit en France au sortir de la seconde guerre mondiale par une ordonnance du 17 octobre 1945[1], complétée par une loi du 13 avril 1946[2].

Constatant qu'un grand nombre de familles étaient concernées par le statut du fermage ou du métayage, une réforme desdits statuts était nécessaire. Dans un rapport sur la réforme de ces statuts de 1949, le Conseil Economique, dans son introduction pour justifier la nécessité de ladite réforme, précisait :

> « *Il* [le conseil économique] *a pensé qu'il manquerait à ses devoirs en jetant la suspicion sur l'une des catégories d'intérêts en présence ; il pense qu'il est de bons propriétaires et de bons fermiers et de bons métayers, qu'il est aussi de mauvais propriétaires, de mauvais fermiers et de mauvais métayers ; que la première catégorie est certainement beaucoup plus nombreuse que la seconde, mais que la seconde ne peut être négligée, qu'il est opportun de défendre les bons fermiers ou métayers contre les mauvais propriétaires, et les bons propriétaires contre les mauvais fermiers ou métayers, que l'une des difficultés est de trouver des dispositions qui soient assez sévères pour être efficaces contre la deuxième catégorie et assez souples pour ne pas gêner la première* »[3].

---

[1] Ordonnance n°45-2380 du 17 octobre 1945 relatif au statut juridique du fermage

[2] Loi n°46-682 du 13 avril 1946

[3] P. Fromont, « La Réforme du statut du fermage et du métayage »., Presses Universitaires de France, 1949

L'objectif de la mise en place du statut du fermage et du métayage était de rééquilibrer les rapports de force entre les bailleurs, propriétaires fonciers et les fermiers exploitants, en érigeant un cadre juridique et d'organiser la relation entre les deux parties.

Aujourd'hui, d'après les statistiques de l'INSEE de 2019, la surface agricole utile représente en France, 45% de la superficie du pays[1]. Sur les 25 millions d'hectares de surface agricole utile, 16 millions sont loués sous le statut du fermage, les 9 autres étant exploités en faire-valoir direct.

L'accès aux terres agricoles étant de plus en plus difficile en faire-valoir direct pour les exploitants qui exercent individuellement, l'exercice du faire-valoir indirect continue de progresser d'autant plus qu'un certain nombre de propriétaires fonciers exploitants partent à la retraite sans repreneurs.

Le fermage permet ainsi aux jeunes qui souhaitent s'installer et qui n'ont pas un capital de départ suffisant pour accéder à la propriété foncière, de limiter leurs charges, d'exploiter des terres pour ensuite pouvoir exercer à terme en faire-valoir direct. Ce statut permet également un renouvellement des générations sur les terres agricoles pour les exploitants âgés qui n'ont pas de repreneur familial.

A l'instar du statut des baux commerciaux, les droits du preneur semblent privilégiés par le statut du fermage, certainement parce que l'exploitant fermier, de par son travail, fait fructifier la terre et le fonds appartenant à autrui. Si ce statut peut sembler à certains, injuste et déséquilibré,

---

[1] https://www.insee.fr/fr/statistiques/5039859?sommaire=5040030

la Cour européenne des droits de l'Homme considère néanmoins que les règles établies par le droit français sont justes et équilibrées :

> « *Compte tenu de la marge d'appréciation des Etats en la matière, un juste équilibre a été ménagé en l'espèce entre les exigences de l'intérêts général et la protection du droit au respect des biens* »[1].

Cette matière, trop souvent méconnue des juristes, œuvre pourtant à la mise en valeur du patrimoine terrien collectif.

Dans un ouvrage consacré au statut du fermage, les auteurs, praticiens de la matière, nous indiquent :

> « *Si au hasard de sa découverte par des propriétaires remplis d'enthousiasme ou par des exploitants soucieux de préserver tout autant leur outil de travail que leur liberté, le statut du fermage laisse parfois un goût amer, c'est qu'il est, sinon incompris, du moins mal connu aussi bien dans sa lettre que dans son esprit* »[2].

Le statut du fermage s'adapte et évolue au fil des époques par des réformes, la pratique des juristes et par les décisions rendues par les juridictions spécialisées que sont les tribunaux paritaires des baux ruraux.

Ce droit va nécessairement continuer d'évoluer dans les années à venir compte tenu des contraintes climatiques auxquelles nous devons faire face et qui ponctuent quotidiennement l'actualité. Tous les ans, des exploitations

---

[1] CEDH, 19 juin 2008, n°7801/03

[2] A. Guyvarc'hn B. Peignot, P. Van Damme, « *Le statut du fermage* », 2013, Ed. France Agricole

sont ravagées par des cas fortuits tels que la grêle, le gel, les incendies, les inondations, etc. A cela s'ajoutent désormais les sécheresses.

D'après le rapport du GIEC, de 2022, la fréquence et l'intensité des épisodes météorologiques extrêmes vont augmenter, à tel point que 8% des terres agricoles deviendront climatiquement inadaptées d'ici 2100.

Si des fonds d'indemnisation sont mis en place, il n'en demeure pas moins que d'autres menaces pèsent sur les exploitations.

En effet, les conditions climatiques sont susceptibles d'engendrer d'autres conséquences, telles que les maladies ou la prolifération d'insectes nuisibles qui touchent les végétaux et notamment les vignes.

C'est le cas notamment de la flavescence dorée qui est une jaunisse de la vigne causée par un microorganisme. Cette maladie a été détectée pour la première fois dans les années 50 en France, dans le Sud-Ouest. L'évolution exponentielle a été prise extrêmement au sérieux. Elle est réglementée tant au niveau européen[1] qu'au niveau national depuis un arrêté du 19 décembre 2013[2]. Cette maladie est en outre classée parmi les dangers sanitaires de catégorie 1.

La maladie se propage soit par la multiplication du végétal soit à cause d'un insecte vecteur, la cicadelle. La propagation est extrêmement rapide. D'une campagne sur

---

[1] Règlement (UE) 2016/2031 du Parlement européen et du Conseil du 26 oct. 2016, relatif aux mesures de protection contre les organismes nuisibles aux végétaux

[2] Arrêté du 19 décembre 2013 relatif à la lutte contre la flavescence dorée de la vigne et contre son agent vecteur

l'autre, le taux de ceps contaminés peut être multiplié par dix étant précisé qu'un cep contaminé ne devient symptomatique qu'au bout d'un an.

Afin d'éviter une catastrophe sanitaire, des mesures de lutte obligatoire ont été prises, et notamment la surveillance des parcelles de production, des vignobles de production, l'arrachage des ceps contaminés, voire même des parcelles entières si elles sont contaminées à plus de 20%, pulvérisation d'insecticides contre la cicadelle, etc.

La surveillance de l'ensemble du vignoble français est désormais indispensable pour tenter d'endiguer la maladie. Cette surveillance est accrue dans les zones où les vignes ne sont plus cultivées ou ensauvagées. En effet, ces parcelles qui parfois sont laissées à l'abandon, sont des terrains de prédilection et des foyers où se développe la maladie.

Tous les ans, des campagnes sont donc lancées au niveau de chaque département pour lutter contre cette maladie.

Cette année, le département de la Gironde a lancé un plan d'arrachage sanitaire des vignes. Ce plan tend à empêcher que des vignes ne soient laissées à l'abandon par manque de moyens et deviennent alors des foyers à maladies qui pourraient contaminer les parcelles voisines.

En effet, le lecteur sait que la grande époque des vins de Bordeaux semble révolue. Si les grands domaines et grands noms du vin tirent encore leur épingle du jeu, les petits producteurs sont quant à eux bien en peine d'écouler leurs hectolitres. Certains même se découragent, ne trouvent pas de repreneur et des vignes se retrouvent à l'état d'abandon.

Dès lors, ce plan tend, sur le volontariat à inciter les exploitants ou propriétaires à procéder à l'arrachage de leur parcelle en vue d'une renaturation ou d'une diversification.

Cela génèrera nécessairement des questions, si ce n'est du contentieux sur la répartition des primes et des obligations entre les parties aux contrats de bail.

L'idée de ce mémoire est donc, au fil de quelques pages, d'étudier ce statut du fermage, non pas dans sa globalité, mais sur des aspects qui nous ont semblé pertinents, intéressants, peut-être parce que moins commentés par la doctrine.

En effet, nous avons souhaité traiter la problématique des événements qui viennent perturber l'exécution du bail rural et plus particulièrement les obligations entre les parties au bail.

Ainsi, nous aborderons les rapports entre le preneur et le bailleur et plus précisément les obligations de chacun en matière de plantation.

Dans une première partie, nous aborderons la réglementation applicable et étudierons les obligations de chacune des parties.
La seconde partie aura pour objet de traiter les indemnisations du preneur pour les travaux de plantation.

PARTIE 1 – LA RÈGLEMENTATION APPLICABLE AUX PLANTATIONS

CHAPITRE 1 – LES OBLIGATIONS DES PARTIES RELATIVES AUX PLANTATIONS

L'article 1719 du Code civil dispose :

> « *Le bailleur est obligé, par la nature du contrat, et sans qu'il soit besoin d'aucune stipulation particulière :*
>
> *1° De délivrer au preneur la chose louée et, s'il s'agit de son habitation principale, un logement décent. Lorsque des locaux loués à usage d'habitation sont impropres à cet usage, le bailleur ne peut se prévaloir de la nullité du bail ou de sa résiliation pour demander l'expulsion de l'occupant ;*
>
> *2° D'entretenir cette chose en état de servir à l'usage pour lequel elle a été louée ;*
>
> *3° D'en faire jouir paisiblement le preneur pendant la durée du bail ;*
>
> *4° D'assurer également la permanence et la qualité des plantations* ».

Parmi les obligations qui incombent au bailleur, propriétaire foncier, figure celle d'assurer la permanence et la qualité des plantations. Dans les ouvrages dédiés aux contrats de fermage, cette dernière obligation, est souvent étudiée de manière plus marginale par les auteurs, qui semblent la reléguer au rang des obligations de moindre importance, malgré sa place trouvée dans le Code civil.

Ainsi, dans le jurisclasseur, l'auteur qui traite des obligations du bailleur prend le soin de rappeler les 3 premières obligations listées par l'article 1719 du Code civil, puis fait masse des autres obligations « de moindre importance »[1].

La place donnée à cette obligation du bailleur nous semble regrettable tant les débats relatifs à cette question sont fournis.

Nous présenterons donc dans un premier temps cette obligation du bailleur d'assurer la permanence et la qualité des plantations (**Section 1**) pour ensuite la mettre en lumière lors de la survenance d'un cas fortuit ou d'injonction sanitaire (**Section 2**).

SECTION 1 – L'OBLIGATION D'ASSURER LA PERMANENCE ET LA QUALITÉ DES PLANTATIONS

La règle posée par l'article 1719 4° du Code civil est d'ordre public, les parties ne peuvent en principe y déroger (**A**). Toutefois, le statut du fermage prévoit que des commissions départementales consultatives paritaires puissent venir fixer les contours de l'obligation du bailleur et y apporter des limites (**B**).

[1] J. P. Moreau, « *Droits et obligations du bailleur* », 2022, JCl baux ruraux,. Fasc. 330

A. La règle posée par l'article 1719 4° du Code civil

Dans le cadre de l'élaboration du statut du fermage en 1946, le législateur a imposé au bailleur une nouvelle obligation, celle d'assurer la permanence et la qualité des plantations et a ajouté un nouvel alinéa 4 à l'article 1719 du Code civil :

> « *Le bailleur est obligé, par la nature du contrat, et sans qu'il soit besoin d'aucune stipulation particulière* :
> […]
> *4° D'assurer également la permanence et la qualité des plantations* »[1].

En application de ces dispositions, le bailleur a la charge des plantations et doit assurer leur permanence et leur qualité.

Cette obligation qui incombe au bailleur est d'ordre public. Les parties au contrat de bail ne peuvent y déroger, sauf si la commission départementale prévoit une dérogation à l'obligation du bailleur, nous y reviendrons.
Cela peut représenter une charge importante pour le bailleur. Aussi, il put être tentant pour ce dernier d'écarter contractuellement cette obligation et de la faire peser sur le preneur à bail, sous réserve d'indemnisation en fin de bail[2]. Une telle pratique était largement admise par la jurisprudence et les praticiens.

Il a toutefois été jugé qu'une telle clause doit être réputée non écrite. Ainsi, aux termes d'un revirement de

---

[1] Article 1719 4° du Code civil
[2] S. Prigent, « *Répertoire de droit civil – Bail rural* », Dalloz, 2022, n°169

jurisprudence, la Cour de cassation a mis un terme à cette solution par un arrêt du 24 juin 1998.
Dans cette affaire, un bailleur avait donné à bail des parcelles de terre à usage de verger. Le bail imposait au preneur de procéder au remplacement des pieds manquants et de faire toutes les plantations et replantations nécessaires en cours de bail. La commission départementale ne prévoyait aucune dérogation.

Le preneur souhaitant céder son bail à son fils, le bailleur s'y est opposé et a demandé la résiliation judiciaire du bail fondée sur un manquement du preneur à son obligation contractuelle.
La Cour de cassation, suivant la Cour d'appel d'Angers, dans un attendu de principe a rappelé la lettre de l'article 1719 4° du Code civil :

> « *Mais attendu qu'ayant retenu que selon l'article 1719-40 du Code civil, le bailleur est obligé, par la nature du contrat et sans qu'il soit besoin d'aucune stipulation particulière, d'assurer la permanence et la qualité des plantations et qu'en vertu des dispositions de l'article L. 415-8 du Code rural, la commission consultative des baux ruraux détermine l'étendue et les modalités de cette obligation, la cour d'appel, qui a retenu, à bon droit, que la clause du bail mettant à la charge du preneur ladite obligation, était réputée non écrite en application de l'article L. 415-12 du Code rural, a légalement justifié sa décision en constatant qu'il était établi que les plantations trop âgées, devaient être arrachées* » [1].

Ce revirement avait affolé certains auteurs et praticiens qui prenaient fait et cause pour les bailleurs infortunés qui

---

[1] Cass. 3e civ., 24 juin 1998, n°96-15.668

devront prendre à leurs frais les plantations sans pouvoir majorer le fermage[1].

Dans un arrêt « Marne et Champagne » rendu par la Cour de cassation en 1999, la Haute juridiction a confirmé son revirement. Au cas d'espèce, le bailleur sollicitait notamment la résiliation judiciaire des baux pour défaut d'entretien et d'exploitation, lesdits baux mettant à la charge des preneurs le remplacement des manquants. Pour juger qu'une telle clause doit être réputée non écrite, la Cour rappelle que de tels travaux ne peuvent être mis à la charge du preneur que si la commission départementale prévoit une telle dérogation et que le bail le prévoit[2].

Si certains bailleurs de vignobles semblent toujours tentés d'imposer à leur preneur la charge des replantations, la Cour de cassation maintient sa jurisprudence :

> « *Mais attendu qu'ayant retenu à bon droit que, sauf décision contraire de la commission consultative des baux ruraux, la clause mettant à la charge du preneur une obligation de plantation est réputée non écrite, comme contraire aux dispositions de l'article 1719 4° du code civil et que le preneur ne peut renoncer par avance aux droits conférés par le statut des baux ruraux, et relevé que les dérogations contenues dans le contrat type départemental, pris après avis de cette commission, ne permettaient pas d'imposer au preneur le coût de restructuration de l'ensemble du vignoble, comme la clause litigieuse du bail le lui imposait, la cour d'appel, qui n'était pas tenue de répondre à un moyen inopérant, dès lors qu'il n'était démontré aucun*

---

[1] E. Agostini, « Permanence et qualité des plantations : revirement de jurisprudence », Rec. D. 1999. 343

[2] Cass. 3e civ., 21 juil. 1999, n°96-11.634

> *acte caractérisant une renonciation du preneur aux droits d'ordre public découlant du statut du fermage postérieur à la naissance de ces droits, et qui n'a réputé non écrite la clause "charges et conditions" du bail qu' en ce qu'elle imposait au preneur l'obligation de renouveler, à sa charge, le vignoble donné à bail, pour parvenir entre 2006 et 2011 à une superficie de 240 hectares, a légalement justifié sa décision* »[1].

Ce faisant, il ne fait plus de doute que dans le silence de la commission départementale, le bailleur ne peut plus imposer à son preneur le coût des travaux de reconstitution, de replantation ou de restructuration du vignoble.

Toutefois, la lecture de cet arrêt semble ouvrir la voie à la possibilité pour le preneur de renoncer au bénéfice des dispositions protectrices des articles 1719 4° du Code civil et L. 415-8 du Code rural et de la pêche maritime, qui, pour être efficace, ne peut intervenir qu'après la conclusion du bail[2].

Ainsi, sauf à ce que le preneur n'ait renoncé à son droit, ou que le bail type départemental ne prévoit une dérogation, la clause mettant à la charge du preneur le coût des replantations doit être réputée non écrite.

Cette obligation qui incombe au bailleur d'assurer la permanence et la qualité des plantations doit être distinguée des améliorations qui peuvent être apportées au fonds par le preneur. Ces dernières suivent un régime différent qui sera étudié plus loin mais qui soulève des difficultés en pratique, notamment en termes d'indemnisation.

---

[1] Cass. 3e civ., 12 déc. 2019, n°18-22.864

[2] S. Crevel, « Obligation du preneur - La clause de restructuration subordonnée à la renonciation », RD. rur. 480, 2020, n°13

Il convient *in fine* de retenir que le premier réflexe des praticiens doit être de consulter le contrat type départemental issu de l'arrêté préfectoral qui peut donc prévoir des dérogations à l'obligation générale du bailleur d'assurer la permanence et la qualité des plantations édictée par le Code civil.

B. L'ÉTENDUE ET LES MODALITÉS DE L'OBLIGATION FIXÉES PAR LA COMMISSION CONSULTATIVE PARITAIRE DÉPARTEMENTALE

Si la législation du statut du fermage est applicable à tout le territoire national, il impératif néanmoins de tenir compte des particularités locales.

C'est ainsi que le préfet de chaque département peut, par arrêté, préciser les conditions dans lesquelles les règles relatives aux baux ruraux vont pouvoir être appliquées au niveau départemental.
Des commissions spécialisées, dites « commission consultative paritaire départementale des baux ruraux », ont été instituées en 1945.

La commission a un rôle consultatif et rend des avis au préfet, notamment sur la fixation du prix des fermages, la superficie des parcelles qui échappent au statut des fermages, la fixation des tables d'amortissement pour le calcul des indemnités dues au preneur sortant, etc.

La Commission est également investie d'un pouvoir réglementaire. Il lui revient en effet la charge d'établir des baux type. L'article L. 411-4 du code rural et de la pêche maritime prévoit ainsi :

« Les contrats de baux ruraux doivent être écrits.

A défaut d'écrit enregistré avant le 13 juillet 1946, les baux conclus verbalement avant ou après cette date sont censés faits pour neuf ans aux clauses et conditions fixées par le contrat type établi par la commission consultative des baux ruraux »[1].

Dans le cadre de ses missions réglementaires, la Commission détermine les modalités et l'étendue de l'obligation du bailleur édictée par le Code civil d'assurer la permanence et la qualité des plantations.

C'est l'article L. 415-8 du Code rural et de la pêche maritime qui prévoit que :

« La commission consultative des baux ruraux détermine l'étendue et les modalités des obligations du bailleur relatives à la permanence et à la qualité des plantations prévue au 4° de l'article 1719 du code civil.

Le tribunal paritaire peut, le cas échéant, autoriser le preneur à faire exécuter les travaux incombant de ce fait au propriétaire, aux frais de celui-ci »[2].

Pour illustrer le propos, prenons l'exemple de quelques arrêtés qui ont été pris dans différents départements.

En Gironde, l'arrêté du 8 décembre 2021, rendu après avis favorable de la commission consultative paritaire des baux ruraux de la Gironde, prévoit à l'article 7, A, 3° :

---

[1] Article L. 411-4 du code rural et de la pêche maritime

[2] Article L. 415-8 du Code rural et de la pêche maritime

> *« Concernant la complantation ou racottage qui consiste au remplacement pied par pied de ceps victimes d'accidents ou détruits par la maladie, elle sera à la charge exclusive du preneur (plants, piquets, main d'œuvre) jusqu'à la vingt-cinquième année de la plantation et la vingtième pour les variétés suivantes : Cabernet franc, Cabernet Sauvignon et Sauvignon blanc.*
> *Au-delà de la vingt-cinquième année de la plantation et de la vingtième année pour les variétés Cabernet franc, Cabernet Sauvignon et Sauvignon blanc, les travaux seront à la charge du bailleur qui l'obligation d'assurer la permanence et la qualité des plantations (article 1719-4° du Code civil), sauf convention contraire entre les parties »*[1].

A cet arrêté, le bail type est annexé, lequel reprend ces dispositions à l'article 7.3 – « Plantations replantations et racottage » :

> « […]
> . *REPLANTATIONS*
> *Le renouvellement du vignoble déjà existant sera à la charge du propriétaire foncier.*
> *La réparation des travaux sera effectuée de la façon suivante :*
> - *Tous les plants et fournitures pour la plantation, le palissage (marquants, piquets, fils de fer) seront à la charge du bailleur.*
> - *La main d'œuvre nécessaire à la plantation et à l'entretien cultural des trois premières années, ainsi que tous les travaux et les apports culturaux jugés utiles par le preneur, seront à sa charge.*

[1] Arrêté relatif à l'application du statut du fermage dans le département de la Gironde du 8 déc. 2021

> *. COMPLANTATIONS OU RACOTTAGE*
> *Concernant la complantation ou racottage qui consiste au remplacement pied par pied des ceps victimes d'accidents ou détruits par la maladie dont le preneur aura à sa charge exclusive les frais de racottage (plants, main d'œuvre, piquets) jusqu'à la vingt-cinquième année de la plantation sauf pour les cépages ci-après désignés :*
> ………………………
> ………………………
> ……………………… *dans la limite faite à l'état des lieux* »[1].

Récemment, la Cour d'appel de Bordeaux a été saisie d'une affaire dans laquelle un preneur à bail lui demandait de juger qu'est réputée non écrite la clause du bail qui met à sa charge la totalité des frais de plantation ou de replantation.

La Cour, au visa de l'article 1719 4° du Code civil, des articles L 415-12 et L 415-8 du Code rural et de la pêche maritime et de l'arrêté du 2 décembre 2013 rendu après avis de la commission consultative paritaire des baux ruraux de la Gironde du 11 octobre 2013, a jugé que :

> « *La clause litigieuse mettant à la charge du preneur 'la totalité des frais de plantation ou de replantation' sans distinction, elle aboutit à une restriction des droits du preneur, prohibée en tant que telle par le code rural. En conséquence, ajoutant au jugement déféré, la cour déclarera réputée non écrite la clause litigieuse* »[2].

---

[1] Contrat type de bail à ferme du 09 oct. 2014 – Département de la Gironde

[2] CA. Bordeaux, 6 avr. 2023, n°20/04615

Dans le département du Vaucluse, le bail à ferme type précise lui aussi la répartition des obligations entre le bailleur et le preneur à l'article 4 :

> *« 4) Arbres*
> *a) arbres fruitiers et vignes*
> *Conformément à l'usage des lieux ou aux nouvelles techniques culturales, le preneur :*
> *• soignera, taillera et entretiendra avec soin les arbres fruitiers et les vignes plantés sur les terres de la ferme,*
> *• il ne pourra arracher aucune plantation sans l'autorisation du bailleur,*
> *• il remplacera les arbres et ceps morts, étant précisé que les plants seront fournis par le bailleur aux frais de celui-ci et que la mise en place incombe au preneur. Si, en raison de l'âge ou de la qualité des plantations, le remplacement des arbres ou ceps morts n'est pas nécessaire, le bailleur, ou à défaut le Tribunal paritaire des baux ruraux, déchargera par écrit le preneur de l'obligation d'y procéder,*
> *• il n'est pas tenu de remplacer les arbres isolés,*
> *• en cas de création ou de renouvellement d'une plantation, les arbres isolés ne pourront être arrachés par le preneur, lorsque ceux-ci seront de nature à gêner la culture principale, qu'avec l'accord préalable du bailleur.*
> *• en matière de vigne, le fermier ne sera pas obligé de remplacer les ceps morts lorsque la plantation sera atteinte d'une maladie dégénérescente et/ou infectieuse.*
> *Quant au bailleur :*
> *• il assurera la permanence des plantations pérennes figurant au bail, le preneur fournissant la main d'œuvre nécessaire à l'arrachage des plantations*

âgées, à la plantation et à la culture pendant les années de non-production,
• il financera la traction nécessaire à l'arrachage, le défonçage, la fumure de fond, l'achat des plants et le palissage s'il y a lieu,
• aucune plantation nouvelle ne pourra être installée sans l'autorisation écrite du bailleur ou à défaut, du Tribunal paritaire des baux ruraux.
b) Autres arbres
Conformément à l'usage des lieux ou aux nouvelles techniques culturales, le preneur :
• élaguera, émondera en temps et saisons convenables, les arbres existant sur la ferme,
• ne pourra arracher, ni abattre pour son compte aucun des arbres existant lors même qu'ils ne seraient d'autre rapport,
• devra abattre ceux qui sont morts à charge pour lui de les remplacer sans indemnité par d'autres, de même nature et de bonne venue dont les plants seront fournis par le bailleur aux frais de celui-ci, étant précisé que les frais de mise en place incombent au preneur.
• Les arbres à proximité des bâtiments et représentant une valeur dans le cadre de l'environnement seront conservés ou remplacés par une même espèce ou similaire »[1].

Dans un arrêt du 16 novembre 2018, la Cour d'appel de Nîmes, sur appel d'un jugement rendu par le tribunal paritaire des baux ruraux de Pertuis, a eu à connaître d'un litige qui opposait un preneur à bail qui souhaitait faire arracher une partie des vignes en raison notamment de leur obsolescence.

---

[1] Contrat type départemental de bail à ferme du 03 janv. 2012 – Département du Vaucluse

Le bailleur s'opposait à cette demande et arguait du mauvais entretien des vignes. La Cour d'appel, pour donner raison au preneur, au visa de l'article 1719-4 du Code civil a recherché ce qui était prévu dans le contrat de bail conclu entre les parties et dans le contrat type départemental :

> « *Ainsi qu'en conviennent les parties, ces dispositions opèrent une répartition du coût des opérations envisagées, qui sont complémentaires. La durée de trois années, liant les parties, n'est pas contradictoire avec la période pendant laquelle le plant de vigne nouvellement planté ne sera pas producteur.*
>
> *En conséquence, les consorts G. doivent supporter le coût correspondant à la traction nécessaire à l'arrachage des plantations, le défonçage, la fumure de fond, l'achat des plants, le palissage et les frais de culture et d'entretien des plants pendant trois ans. Pour sa part, M. H. sera tenu de fournir la main d'œuvre nécessaire à ces diverses opérations* »[1].

Dans les départements où les obligations entre le bailleur et le preneur à bail sont réparties, les juridictions peuvent analyser les clauses du bail et les demandes des parties à la lumière des textes légaux et des arrêtés pris sur avis de la commission départementale. Cela ferme ainsi la porte aux discussions.

En revanche, dans les départements où rien n'est prévu par arrêté sur les obligations des parties et les répartitions en matière de replantation, les juridictions doivent faire une stricte application des textes.

[1] CA Nîmes, 16 nov. 2018, n°16/05007

A titre d'illustration, dans un arrêt rendu par la Cour d'appel de Dijon le 14 décembre 2017, concernant la répartition des frais de travaux de rebrochage, la juridiction a jugé qu'il ne pouvait être fait application du contrat type entré en vigueur après la conclusion du bail liant les parties. La Cour d'ajouter qu'en conséquence, il n'y avait pas lieu de distinguer, comme le proposait l'expert judiciaire, entre les différents frais liés au remplacement des pieds manquants, tous devant en principe être supportés par le bailleur conformément à l'article 1719 du code civil[1].

Cette question de la répartition des obligations entre le preneur et le bailleur, relatives aux plantations, va trouver une résonnance en cas de survenance d'un cas fortuit ou d'une injonction d'arracher des vignes.

---

[1] CA. Dijon, 14 déc. 2017, n°16/00264

Section 2 – Les conséquences de la survenance d'un cas fortuit sur les plantations – Les Enjeux des campagnes d'arrachage sanitaire

L'obligation du bailleur d'assurer la permanence et la qualité des plantations semble bien circonscrite par le Code rural et de la pêche maritime et par l'intervention des commissions consultatives paritaires départementales des baux ruraux.
La question de la survenance d'un cas fortuit et de la répartition des obligations entre le preneur et le bailleur reste toutefois en suspend (**A**). Nous étudierons ensuite le cas du département de la Gironde qui vient de lancer son plan d'arrachage sanitaire des vignes pour lutter contre la recrudescence de la flavescence dorée (**B**).

A. La survenance d'un cas fortuit

L'article L. 411-30 du code rural et de la pêche maritime dispose que :

> « *I.-Lorsque la totalité des biens compris dans le bail sont détruits intégralement par cas fortuit, le bail est résilié de plein droit.*
>
> *II.-Lorsqu'un bien compris dans le bail est détruit, en partie ou en totalité, par cas fortuit et que cette destruction compromet gravement l'équilibre économique de l'exploitation, le bailleur est tenu, si le preneur le demande, de reconstruire, à due concurrence des sommes versées par les compagnies d'assurance, ce bâtiment ou un bâtiment équivalent.*
>
> *Si la dépense excède le montant des sommes ainsi versées, le bailleur peut prendre à sa charge la totalité*

> *des frais engagés par la reconstruction et proposer au preneur une augmentation du prix du bail. Dans le cas où le preneur n'accepte pas l'augmentation proposée, le tribunal paritaire des baux ruraux, sur saisine de la partie la plus diligente, fixe le nouveau montant du bail.*
>
> *III.-Dans le cas où le preneur participe au financement des dépenses de reconstruction, il est fait application des dispositions des articles L. 411-69, L. 411-70 et L. 411-71. Si le bien n'est pas reconstruit, le preneur peut demander la résiliation du bail* »[1].

Cet article a été inséré dans le Code rural et de la pêche maritime afin de permettre au preneur d'obtenir la reconstruction, à la charge du bailleur, d'un bien loué qui a été détruit.

Cet article est le corollaire de l'article 1722 du Code civil, qui dispose que :

> « *Si, pendant la durée du bail, la chose louée est détruite en totalité par cas fortuit, le bail est résilié de plein droit ; si elle n'est détruite qu'en partie, le preneur peut, suivant les circonstances, demander ou une diminution du prix, ou la résiliation même du bail. Dans l'un et l'autre cas, il n'y a lieu à aucun dédommagement* »[2].

Le spécial dérogeant au général, ce sont les dispositions du Code rural et de la pêche maritime qui doivent être appliquées lors de la survenance d'un cas fortuit en matière de fermage.

---

[1] Article L. 411-30 du code rural et de la pêche maritime, précit.
[2] Article 1722 du Code civil

Ce faisant, le législateur a tenté de rééquilibrer les droits entre les parties afin d'éviter que certains bailleurs, peu scrupuleux, conservent par devers eux les indemnités versées par les assureurs, tout en se gardant de reconstruire les biens détruits.

Ainsi, en cas de destruction totale du bien par cas fortuit, la résiliation du contrat de bail est de plein droit. Toutefois, une telle situation demeure rare. En effet, il faut pouvoir démontrer que le bien loué a été intégralement détruit, ce qui est rarement admis.

En réalité, il arrive qu'une partie seulement soit détruite, du fait de la grêle, du gel, de maladies, d'un incendie, etc., frappant les vignes ou les plantations.

Dans de telles hypothèses la destruction partielle ouvre le droit au preneur de demander la reconstruction des biens détruits. Toutefois, cinq conditions cumulatives doivent être réunies :

- Le bien loué doit être détruit ;
- La destruction doit résulter d'un cas fortuit ;
- L'équilibre économique de l'exploitation doit être gravement compromis ;
- Le preneur exploitant doit faire une demande en ce sens ;
- Le bailleur doit avoir été indemnisé par son assurance.

Si ces conditions sont réunies, le bailleur n'a aucune option et il sera tenu de reconstruire, à due concurrence des sommes versées par les compagnies d'assurance et à sa charge pour la partie excédant les indemnités allouées. Il aura seulement la possibilité de demander une augmentation du fermage au preneur, ce qui pourra sans surprise aboutir à une procédure devant le tribunal paritaire qui devra fixer le montant du fermage. Etant précisé que si le preneur prend à sa charge les reconstructions, ce dernier pourra être indemnisé au titre des améliorations apportées au fonds prévues par les dispositions des articles L. 411-69 et suivants du Code rural et de la pêche maritime.

Dans l'hypothèse où le bailleur ne procéderait pas à la reconstruction des biens détruits, le preneur pourra demander la résiliation judiciaire du contrat de bail rural.

Enfin, si le bail ne prévoit pas que le preneur supportera les conséquences d'un cas fortuit, possibilité offerte par le Code civil à l'article 1772, il est possible pour ce dernier de solliciter une remise du fermage, conformément aux dispositions des articles L.411-24 du Code rural et de la pêche maritime et 1769 et suivants du Code civil.

En ce qui concerne la notion de cas fortuit, qui est constitué par un événement imprévisible et irrésistible, le Code civil admet que la grêle, le feu du ciel, le gel, les coulures, les ravages de la guerre, ou encore les inondations auxquelles le pays n'est pas ordinairement sujet, répondent à cette définition[1].

Qu'en est-il des maladies qui atteignent les vignes, ou encore de la vétusté ?
En ce qui concerne la seconde hypothèse, il est classiquement admis que la vétusté ne présente pas les caractéristiques d'un cas fortuit. La Cour d'appel d'Aix-en-Provence l'a récemment rappelé dans un arrêt du 4 juillet 2019 :

---

[1] Article 1773 du Code civile

> « *S'agissant des dispositions générales résultant de l'article 1722 du code civil susvisé, son application n'est envisageable que si le bien loué en intégralement détruit et par cas fortuit. Or, tel que précisé plus avant, la parcelle louée par Mme H A ne peut être considérée comme intégralement détruite, et ce même en prenant en considération le coût des travaux de remise en état, d'une part, car certaines vignes demeurent productives, et d'autre part car la parcelle, en elle-même, demeure, seules les plantations sont en mauvais état. Au surplus, le vieillissement, même lorsqu'il provoque la maladie décrite en l'espèce, le court noué, ne peut être considéré comme un événement imprévisible, et donc un cas fortuit* »[1].

En revanche, la maladie des vignes interroge. Présente-t-elle les caractéristiques d'un cas fortuit ?

Nous savons tous que pour parvenir à obtenir un raisin sain et mûr, le viticulteur doit prodiguer des soins minutieux à ses vignes et faire preuve d'une attention sans faille.

En effet, la vigne est la cible de nombreux parasites et maladies contre lesquels il est difficile de lutter. Il serait possible de dresser une liste à la Prévert, retenons la cicadelle, le phylloxéra, le court-noué, la pourriture, le mildiou, etc.

Est-ce que ces maladies peuvent caractériser un cas fortuit permettant d'appliquer les dispositions de l'article L. 411-30 du Code rural et de la pêche maritime ? Rien n'est moins sûr.

---

[1] CA. Aix-en-Provence, 4 juil. 2019, n°19/03280

Très peu de décisions sont rendues sur ce sujet qui interroge pourtant un grand nombre de professionnels du droit ou de la vigne.

Notons toutefois un arrêt de la Cour de cassation rendu le 25 octobre 1961, aux termes duquel la Haute juridiction semble retenir, pour caractériser la notion de cas fortuit, l'intensité imprévisible de la progression de la maladie :

> « *Mais attendu que la cour d'appel relève qu'en louant une vigne "partiellement phylloxérée" A..., s'il devait prévoir un développement normal de la maladie, ne pouvait s'attendre à des effets tels que le rendement de son vignoble soit inférieur de plus de 50 % à celui des années précédant sa location ;*
> *Que pour déduire que l'intensité de la progression de cette maladie était imprévisible, l'arrêt attaque s'est fonde, sans les dénaturer, sur les constatations de l'expert y... Etat des attaques toujours croissantes du phylloxera, du déficit du vignoble tunisien en général pendant l'année 1950 et de la diminution de rendement considérable, subi par un propriétaire voisin de A... ;*
> *Qu'en constatant enfin que la récolte de la propriété "avait toujours dépassé 1.600 quintaux de raisin" alors qu'elle n'a été que de 800 quintaux en 1950, il a nécessairement admis que A... Avait perdu "au moins la moitié" de sa récolte ;*
> *D'où il suit que l'arrêt attaque, qui est motivé, a légalement justifie sa décision* »[1].

Cela étant précisé, revenons à la lettre de l'article L. 411-30 du Code rural et de la pêche maritime.

[1] Cass. 1e civ., 25 oct. 1961

Si ce texte vise les bâtiments, en réalité, cela concerne tout bien loué qui serait détruit par un cas fortuit. Ce texte est applicable aux plantations.
Cela peut sembler tomber sous le sens, mais il n'en demeure pas moins que la Cour de cassation a eu à répondre à cette question. En effet, sous l'empire de l'article 1722 du Code civil applicable avant que le texte spécial ne soit introduit, il n'y avait pas de discussion possible puisque le texte vise « la chose louée » et la jurisprudence l'appliquait ainsi à la destruction, notamment, des vignes ou de plantations diverses.

En visant expressément les « bâtiments », le législateur a ouvert la possibilité aux bailleurs d'émettre des doutes, ou à tout le moins de tenter, quant à l'applicabilité de ce texte aux destructions de parcelles (de vignes en l'occurrence).
Ainsi, dans une affaire où des vignes avaient été détruites par le déversement de désherbant, dont l'origine demeure inconnue, la Cour de cassation en 2011 a affirmé que l'article L. 411-30 du Code rural et de la pêche maritime s'applique à la destruction partielle des vignes et a approuvé ainsi la décision de la Cour d'appel de de Dijon[1].

S'agissant de la condition tenant aux conséquences de la destruction sur l'équilibre de l'exploitation posée par l'article L. 411-30 du Code rural et de la pêche maritime, là encore la Cour de cassation a eu l'occasion de s'interroger sur la notion d'exploitation et ses contours qu'il faut retenir pour apprécier l'impact et la gravité de la destruction sur l'exploitation.
Sous l'empire de l'article 1722 du Code civil, il semble que les juges prenaient en compte l'impact de la destruction sur les biens loués.

---

[1] Cass. 3e civ., 12 oct. 2011, n°10-24.338

Dans l’arrêt de 2011, le bailleur soutenait que l’impact sur l’exploitation devait s’apprécier en tenant compte de tous les biens exploités par le preneur et non pas seulement ceux détruits.
Naturellement, la thèse qui était favorable au bailleur tendait à restreindre les droits du preneur de demander la résiliation du bail.

La Cour de cassation n’a pas suivi ce raisonnement et a jugé que seule l’exploitation des biens loués et détruits par cas fortuit devait être prise en compte pour apprécier la gravité. Les juges doivent donc prendre en considération l’exploitation des seuls biens pris à bail et affectés par la destruction alléguée et non l’exploitation globale au sens de l’entité économique. En l’occurrence, l'équilibre économique de l'exploitation se trouvait gravement compromis, le preneur démontrant que la remise en état de la parcelle ne pourrait se faire qu’à un coût élevé hors replantation et que la destruction du bien a généré un manque à gagner certain[1].

Enfin, toujours dans ce même arrêt, la Cour de cassation s’est prononcée sur le périmètre de la résiliation et sur la possibilité pour le bailleur de faire obstacle à la demande de résiliation judiciaire en proposant de reconstruire le bien détruit.

La Haute juridiction a jugé d’une part, que la résiliation doit porter sur le bail dans sa totalité et non sur les seules parcelles détruites et d’autre part, que seul le preneur à bail peut solliciter expressément la reconstruction.

---

[1] T. Tauran « Résiliation du bail - La résiliation du bail et la destruction par cas fortuit », RD. rur., 388, déc. 2010, n°129

Cet arrêt, qui n'a pas été publié, apporte pourtant de nombreuses réponses aux questions suscitées par ce texte et qui, à n'en pas douter, se poseront de plus en plus compte tenu du changement climatique et des aléas et catastrophes naturelles qui risquent de se produire de plus en plus à l'avenir sur les cultures[1].

---

[1] S. Crevel, « Résiliation du bail - Article L. 411-30 du Code rural et de la pêche maritime : tout peut disparaître », RD. rur., 397, nov. 2011, n°123

B. Les plans d'arrachage sanitaire des vignes atteintes de flavescence dorée

Les autorités sanitaires ont établi que la flavescence dorée de la vigne, appelée aussi jaunisse, est une maladie mortelle qui touche les ceps. Elle a été détectée dès les années cinquante dans les vignobles du Sud-Ouest de la France. C'est une maladie épidémique qui, si elle n'est pas contrôlée, provoque des pertes importantes de récoltes et qui est susceptible de contaminer les parcelles environnantes. Elle se transmet soit lors des greffes, si le végétal est déjà contaminé, soit par un insecte porteur, la cicadelle.

Jusqu'à très récemment, les vignobles champenois et alsacien résistaient encore et toujours à l'envahisseur, jusqu'à ce que l'on découvre récemment des pieds contaminés.
Cette maladie mortelle, entraîne de lourdes conséquences sur les vignobles, d'importantes pertes pour les récoltes, pouvant entraîner la destruction de parcelles entières.

A ce jour, il n'existe pas de traitement curatif qui permet de soigner les vignes et d'endiguer la progression de la maladie. Si aucune mesure de contrôle n'est réalisée, la maladie peut se propager extrêmement rapidement et affecter la totalité des pieds d'une parcelle en quelques années seulement.
Des campagnes de prévention sont régulièrement menées afin de prévenir et sensibiliser les acteurs du monde viticole et inciter collectivement à contrôler et surveiller les vignes.

Cette maladie inquiète tant, que les viticulteurs qui ne respecteraient pas les préconisations et la réglementation applicable peuvent se voir infliger des peines d'amende et d'emprisonnement prévues par le Code rural et de la pêche maritime.[1]

Les préfectures communiquent tous les ans et incitent les viticulteurs à surveiller les vignobles et définissent des périmètres de lutte obligatoire contre la maladie et l'insecte vecteur.

Des dispositifs obligatoires de lutte sont mis en place par le ministère de l'Agriculture qui prévoient une échelle des mesures à prendre :

- Prospection collective des parcelles de vignes délimitées par arrêtés ;
- Elimination des végétaux infestés ;
- Arrachage des ceps malades ;
- Arrachage des parcelles qui présenteraient un taux de ceps contaminés, cumulés sur trois campagnes, égal ou supérieur à 20% ;
- Les vignes non cultivées situées à moins de 250 mètres d'une vigne-mère doivent être arrachées ;
- Traitement insecticide sur les zones délimitées par tous les propriétaires et détenteurs de vignes[2].

Ces dispositions réglementaires de lutte contre la flavescence dorée et contre la cicadelle s'imposent aux viticulteurs.

Récemment, le département de la Gironde a mis en place un plan d'arrachage sanitaire des vignes, justifié notamment par la baisse de consommation de vin rouge :

---

[1] Articles L. 251-1 et suivants du Code rural et de la pêche maritime

[2] Arrêté du 27 avr. 2021 du ministère de l'agriculture et de l'alimentation, relatif à la lutte contre la flavescence dorée de la vigne et contre son agent vecteur

> *« Une partie de la filière bordelaise connaît aujourd'hui une situation économique difficile, dans un contexte d'accélération de la déconsommation de vin rouge, le risque est grand qu'un nombre important de parcelles soient abandonnées, devenant autant de réservoirs pour le phytoplasme, avec une situation phytosanitaire qui deviendrait incontrôlable. Les vignes abandonnées constituent en outre des réservoirs pour d'autres maladies cryptogamiques comme le mildiou, ce qui peut altérer la protection des cultures et entrainer une plus grande consommation de produits phytopharmaceutiques »*[1].

Afin d'inciter les propriétaires ou exploitants à arracher les vignes qui ne seraient plus exploitées et qui pourraient devenir vecteurs de la maladie, le département propose une aide forfaitaire de 6.000 euros par hectare incluant les frais d'arrachage au demandeur.
Les demandeurs auront deux options :

- Soit solliciter l'aide pour la « renaturation » des parcelles. Une telle conversion en zone naturelle ou de boisement est conditionnée à un engagement de 20 ans de la part du viticulteur ;
- Soit solliciter l'aide afin de diversifier l'activité agricole dans un secteur autre que la vigne.

Un appel à « candidature » a été ouvert le 8 juin 2023 et sera clôturé le 17 juillet 2023. Par la suite, les dossiers devront être déposés en septembre 2023[2].

---

[1] https://www.gironde.gouv.fr/Actions-de-l-Etat/Agriculture-viticulture-foret/Dispositif-d-arrachage-sanitaire-en-Gironde

[2] Préfet de la région Nouvelle-Aquitaine « Appel à pré-candidater – Dispositif d'arrachage sanitaire de vignes en Gironde », juin 2023

Ce faisant, les exploitants de vignobles, propriétaires fonciers ou preneurs à bail pourront faire une demande d'aide pour procéder à l'arrachage de vignes dans le cadre de ce dispositif, étant précisé que l'aide sera versée au demandeur.

La première question qui vient à l'esprit en cas de bail à ferme, est celle de l'accord des parties. En effet, un bailleur pourrait-il imposer à son preneur un arrachage des vignes et inversement, un preneur pourrait-il déposer une demande d'aide sans recueillir au préalable l'accord du bailleur ?

En effet, si la demande est faite par l'une ou l'autre des parties au bail pour obtenir la prime dite « renaturation », la totalité de la surface exploitée en vignes viendrait à être arrachée et par conséquent, le bail ne pourrait qu'être résilié avec l'engagement ultérieur du propriétaire foncier de laisser en friche ou de reboiser pendant une durée de 20 ans.

Également, si c'est la prime de diversification qui est demandée, là encore une modification du bail devra nécessairement intervenir puisque le preneur à bail doit respecter la destination du fonds. Ainsi, si le bail prévoit que le fonds doit être exploité en vignoble, il devra solliciter l'accord du bailleur.
Cela peut laisser craindre des contentieux ultérieurs si les parties ne se sont pas mises d'accord en amont pour demander cette aide. Il pourrait être opportun de requérir préalablement l'accord des parties quant au principe de l'arrachage des vignes et la diversification ultérieure ou renaturation.

De même, des contentieux relatifs à l'indemnisation du preneur en fin de bail semblent susceptibles de se multiplier, nous les étudierons dans la seconde partie du mémoire.

Au-delà de ce sujet dont les solutions restent désormais à bâtir par les praticiens, la répartition des obligations entre le preneur et le bailleur en matière de plantation et de remplacement des manquants a également fait l'objet de beaucoup de discussion en doctrine.

Chapitre 2 – Les droits et obligations en matière de plantation et de remplacement des manquants

Si le bailleur est tenu à des obligations dont la liste figure à l'article 1719 4° du Code civil, le preneur a, lui aussi, un certain nombre d'obligations mises à sa charge, dont celle d'entretenir le fonds pris à bail (**Section 1**). Une fois cette obligation définie, se pose également la question de la propriété des plantations et plus précisément de l'accession à la propriété du bailleur (**Section 2**).

Section 1 – Distinction entre l’obligation d’entretien qui incombe au preneur et le remplacement des manquants

A l’instar de ce que prévoit le droit commun en matière de bail d’habitation, la partie qui prend à bail un fonds pour l’exploiter, est tenue à une obligation d’entretien dont il faut étudier les contours (**A**). Cette obligation peut, dans certains cas, se trouver à la frontière de celle du bailleur d’assurer la permanence et la qualité des plantations, que nous avons étudiée plus avant et qui a soulevé de nombreuses interrogations en pratique (**B**).

A. L’étendue de l’obligation d’entretien du preneur à bail

Le preneur à bail est tenu de cultiver raisonnablement le fonds en application des dispositions de l’article L. 411-27 du Code rural et de la pêche maritime lequel renvoie à l’article 1766 du Code civil :

> « *Si le preneur d'un héritage rural ne le garnit pas des bestiaux et des ustensiles nécessaires à son exploitation, s'il abandonne la culture, s'il ne cultive pas raisonnablement, s'il emploie la chose louée à un autre usage que celui auquel elle a été destinée, ou, en général, s'il n'exécute pas les clauses du bail, et qu'il en résulte un dommage pour le bailleur, celui-ci peut, suivant les circonstances, faire résilier le bail.*
>
> *En cas de résiliation provenant du fait du preneur, celui-ci est tenu des dommages et intérêts, ainsi qu'il est dit en l'article 1764* »[1].

[1] Article 1766 du Code civil

Cet article a été complété afin de tenir compte de l'évolution de l'agriculture vers des pratiques environnementales plus écologiques et raisonnées. Ainsi, des dispositions ont été insérées à l'article L. 411-27 du Code rural qui prévoit que le bailleur ne peut pas solliciter la résiliation judiciaire du bail au motif que le preneur adopterait des pratiques tendant à la préservations des ressources :

> « *Le fait que le preneur applique sur les terres prises à bail des pratiques ayant pour objet la préservation de la ressource en eau, de la biodiversité, des paysages, de la qualité des produits, des sols et de l'air, la prévention des risques naturels et la lutte contre l'érosion ne peut être invoqué à l'appui d'une demande de résiliation formée par le bailleur en application du présent article* »[12].

Le bail peut en outre prévoir des clauses qui tendent au respect de ces pratiques dans certains cas, notamment pour maintenir celles déjà existantes, en fonction du statut du bailleur ou encore pour des parcelles situées dans des espaces délimités[3]. Ce sont les baux environnementaux, catégorie distincte des baux dits classiques.

Le preneur qui contreviendrait aux dispositions du bail, risquerait la résiliation sans qu'il ne soit nécessaire de démontrer que les manquements compromettraient la bonne exploitation du fonds ou causeraient un préjudice au bailleur.

---

[1] Article L 411-27 du Code rural et de la pêche maritime
[2] Loi n°2006-11 du 5 janv. 2006
[3] Loi n°2010-788 du 12 juil. 2010

Bien que ces textes soient entrés en vigueur en 2006 et 2010, la Cour de cassation a jugé, le 06 février 2020, qu'un bail conclu avant ces dates et qui met à la charge du preneur une clause imposant la culture en agriculture biologique, doit être résilié dès lors que le preneur a délibérément maintenu une agriculture conventionnelle sur des parcelles destinées à une production biologique[1]. En l'occurrence, le bailleur s'était vu sanctionner par l'administration du fait de la non-conformité de ses parcelles à l'opération de conversion à l'agriculture biologique dans laquelle elles avaient été déclarées en totalité.

Ce faisant, la Cour de cassation vient mettre un frein à la liberté du preneur dans le choix du mode d'exploitation. Il semblerait qu'à l'avenir, certaines injonctions environnementales puissent aller outre cette liberté et être imposées aux preneurs. Ainsi, dès lors que le preneur est contraint par le bail de respecter le cahier des charges de l'agriculture biologique, il n'est plus libre de s'en écarter ou de l'abandonner pour utiliser ou reprendre des méthodes d'agriculture conventionnelles[2].

Au-delà, l'article L. 415-4 du code rural et de la pêche maritime met à la charge du preneur les réparations locatives :

> « *Seules les réparations locatives ou de menu entretien, si elles ne sont occasionnées ni par la vétusté, ni par le vice de construction ou de la matière, ni par force majeure, sont à la charge du preneur* ».

---

[1] Cass. 3e civ., 6 févr. 2020, n°18-25.460

[2] V. Bouchard, « Environnement - La reconnaissance de l'efficacité des clauses environnementales dans les baux à ferme « classiques » », DR. rur., 483, mai 2020, n°89

Ainsi, le fermier doit entretenir le fonds pris à bail en application du concept désormais quelque peu désuet de « bon père de famille ».

Le statut du fermage ne définit pas les réparations locatives. Il faut donc se référer aux règles traditionnelles du louage d'immeuble.
Pour les réparations locatives afférentes aux bâtiments qui garnissent le fonds, le preneur doit par exemple assurer les réparations classiques et courantes qui incombent aux preneurs à bail.

S'agissant plus précisément des terres, le fermier doit assurer les réparations et l'entretien des clôtures, des haies, des fossés, des systèmes d'irrigation et de drainage. De même, dans le cadre des baux viticoles, le preneur à bail doit assurer l'entretien de la vigne, et s'oblige à tailler les vignes, garnir les sols de fumure ou encore remplacer les fils de fer et les piquets.
Cela, sous réserve encore une fois des obligations qui seraient mises à la charge du preneur par les usages locaux et/ou la commission consultative départementale.

En revanche, les grosses réparations, à l'instar de ce que prévoit le Code civil, ne peuvent être mises à la charge du preneur, sauf l'hypothèse où ce dernier n'aurait pas rempli ses obligations locatives en n'effectuant pas les réparations qui lui incombent et que cette carence aurait eu pour conséquence une détérioration du fonds loué[1].

En cas de manquement du preneur résultant d'un défaut d'entretien et d'une mauvaise exploitation du fonds, le bailleur est fondé à solliciter la résiliation du bail au visa de l'article L. 411-31 du Code rural et de la pêche maritime.

---

[1] Cass. Soc. 14 mars 1958,

Ainsi, caractérisent un défaut d'entretien qui justifie la résiliation du contrat de bail, le fait pour un preneur d'avoir arraché des arbres fruitiers sans l'autorisation du bailleur[1], le mauvais entretien des parcelles et des plants de vigne qui entraînent une chute des rendements[2].
A contrario, le bailleur ne peut pas se prévaloir d'un défaut d'entretien qui compromet la bonne exploitation du fonds s'il n'a pas donné l'autorisation au preneur d'arracher les parcelles de vigne atteintes de flavescence dorée. Ce faisant, il est à l'origine de l'abandon et de l'inculture des parcelles concernées.[3]

La cour d'appel de Nîmes vient de rendre un arrêt, le 9 mai 2023, qui confirme la jurisprudence selon laquelle le bailleur ne peut pas opposer un refus au renouvellement du bail s'il ne caractérise pas un défaut d'entretien qui compromet la bonne exploitation du fonds, d'autant plus lorsque le bailleur était informé de la nécessité de remplacer les ceps morts[4].

Dans les faits de l'espèce, le bailleur s'opposait au renouvellement du bail consenti au preneur invoquant notamment un défaut d'entretien des parcelles de nature à compromettre la bonne exploitation du fonds. La Cour, à la lumière d'un rapport d'expertise et d'un précédent arrêt qu'elle avait rendu et qui opposait les mêmes parties, retient que l'arrachage de certaines parcelles se justifiait du fait de l'obsolescence du cépage, de la faiblesse des rendements et de l'âge des plantations. L'expert constatait en outre

---

[1] CA. Nîmes, 28 janv. 2016, n°14/01037
[2] CA. Besançon, 16 janv. 2009, n°2009-377918
[3] CA. Montpellier, 5 janv. 2012, n°11/04647
[4] CA. Nîmes, 9 mai 2023, n°21/00654

qu'aucun lien de causalité n'était caractérisé entre l'état des vignes et la nécessité de les replanter.
La Cour relevait également que le bailleur avait été informé de la nécessité de procéder à l'arrachage, puisqu'il avait saisi le tribunal paritaire des baux ruraux aux fins d'être autorisé à y procéder. Pour une parfaite information du lecteur, le congé a tout de même été validé par la Cour, au motif que le preneur avait manqué à son obligation de régulariser sa situation au titre du contrôle des structures. C'est un autre débat, mais cela rappelle ô combien le régime du fermage est fait de chausse-trappes, dans lesquels bailleurs et preneurs sont susceptibles de se prendre les pieds.

S'il peut être tentant pour un bailleur de refuser un renouvellement ou de solliciter la résiliation judiciaire sur le fondement du manquement du preneur à son obligation d'entretien, les juges (d'appel à tout le moins) sont toutefois vigilants et attentifs à ce que ce droit ne dérive pas en abus.

Ces généralités étant rappelées, la question s'est posée de la charge du remplacement des manquants. Est-ce que cela incombe au preneur au titre de son obligation d'entretien ou bien est-ce que cela entre dans l'obligation du bailleur d'assurer la permanence et la qualité des plantations ?

B. LE REMPLACEMENT DES MANQUANTS

Le remplacement des manquants, complantation ou racottage en région bordelaise ou encore rebrochage dans le Beaujolais, est l'opération qui consiste à remplacer les pieds peu productifs dans une parcelle de vignes ou encore ceux qui auraient été détruits par la maladie ou par accident.

La question de savoir si le remplacement des manquants incombe au bailleur au titre de son obligation d'assurer la permanence et la qualité des plantations ou au preneur au titre de son obligation d'entretien a fait couler beaucoup d'encre.

Cette difficulté est bien souvent tranchée par les commissions consultatives qui précisent, dans les baux types, que le preneur devra remplacer les ceps manquants ou qui viendraient à périr dans certaines limites, comme il a été vu par exemple dans les baux types établis dans les départements de la Gironde ou du Vaucluse.[1]

Dans le département des Bouches du Rhône, le bail type prévoit ainsi à l'article 3.15 :

> « *3.15 – VIGNES*
> *Le preneur sera tenu de donner à la vigne, en temps et saison convenables, tous les soins nécessaires pour assurer sa pérennité.*
> *Il devra arracher les pieds qui sont morts, à charge, si la vigne a moins de quinze ans, de les remplacer par*

---

[1] Contrat type de bail à ferme du 09 oct. 2014 – Département de la Gironde, précit.

Contrat type départemental de bail à ferme du 03 janv. 2012 – Département du Vaucluse, précit.

d'autres dont les plants seront fournis par le bailleur et aux frais de celui-ci, la mise en place incombant au preneur.
Si la vigne a plus de quinze ans et présente plus de 25% de pieds manquants, il ne pourra être opposé au preneur le mauvais entretien de cette vigne pour résilier le bail[1] ».

Les juridictions ont eu régulièrement à connaître de litiges concernant les obligations en matière de replantation des manquants.

La Cour de cassation s'est par exemple prononcée sur cette question, notamment aux termes d'un arrêt rendu le 21 juillet 1999, comme nous l'avons vu précédemment[2].

Cet arrêt avait retenu l'attention de la doctrine qui l'a beaucoup commenté, emportant l'adhésion de certains et la réprobation d'autres.
Pour mémoire, la Cour de cassation admettait que, conformément à l'article L. 415-8 du Code rural et de la pêche maritime, les commissions départementales peuvent mettre à la charge des preneurs le remplacement des manquants mais qu'en cas de carence, alors cela demeure à la charge du bailleur au titre de son obligation d'assurer la permanence et la qualité des plantations.

Certains auteurs, à l'instar d'Éric Agostini, soutenaient que l'opération de racottage constitue un travail d'entretien de la vigne qui incombe au preneur à bail et ne saurait donc être mis à la charge du bailleur sur lequel pèse la charge de la replantation au sens strict.

---

[1] Arrêté n°13-86-16 du 22 déc. 1986 portant approbation du contrat-type départemental de bail à ferme
[2] Cass. 3e civ., 21 juil. 1999, n°96-11.634, précit.

D'après cet auteur :

> « *Remplacer au coup par coup des pieds de vigne improductifs, et quel qu'en soit le nombre, c'est du racottage. Arracher au contraire, des pieds vétustes et reconstituer la parcelle après réhabilitation du sol, c'est de la replantation. Comme l'énonçait déjà la Chambre social dans l'arrêt de 1951, reconstruction et entretien ne sont pas des opérations identiques : la première relève des obligations du bailleur, la seconde, de celles du preneur* ».[1]

Un arrêt intéressant de la Cour d'appel de Montpellier traite la question du remplacement des manquants et l'arrachage de souches atteintes de flavescence dorée.

En l'espèce, le bailleur sollicitait la résiliation du contrat de bail fondée sur un mauvais entretien de la part du bailleur. La Cour retient que certaines parcelles avaient été abandonnées par le preneur à bail en raison de l'absence d'accord du bailleur de procéder à l'arrachage des souches atteintes de flavescence dorée et qu'en conséquence, le bailleur n'est pas fondé à solliciter la résiliation du bail :

> « *Attendu qu'il ressort de ces éléments que dès l'entrée en jouissance du preneur, il avait été constaté une forte présence de flavescence dorée concernant la parcelle plantée en Tempranillo et la nécessité de procéder à l'arrachage des souches, accord qui n'a pas été donné par le bailleur, ce qui explique l'abandon et l'inculture de la parcelle en cause relevés par l'expert judiciaire ;*

---

[1] E. Agostini, « Baux ruraux : entretien et reconstruction du vignoble », Rec. D., 2000, p.330

> *Attendu que dès lors, concernant cette parcelle, il ne saurait être valablement invoqué par le bailleur des agissements du preneur de nature à compromettre sa bonne exploitation tenant compte des raisons sérieuses et légitimes avancées par le preneur et qui doivent être retenues suite à la présence de flavescence dorée et de l'absence d'accord du bailleur à faire procéder à l' arrachage des vignes, ce qui était la seule solution pour éviter l'apparition de la propagation de la maladie, comme l'indique l'expert dans son rapport ;*
>
> *Attendu que par ailleurs le reste de l'exploitation étant tenu correctement, comme le relève non seulement l'expert judiciaire mais également le conseiller agricole avant même l'introduction de l'instance, il ne saurait donc être fait droit à la demande du bailleur en résiliation du bail fondée sur des prétendus agissements du preneur de nature à compromettre la bonne exploitation du fonds.*[1]

Ces problématiques seront amenées à se multiplier, notamment avec la recrudescence des maladies dans les vignes et les injonctions sanitaires de procéder aux traitements et arrachages des ceps touchés.

SECTION 2 – LA PROPRIÉTÉ DES PLANTATIONS

Les règles de propriété en matière de plantations sont régies par les dispositions des articles 546 et 551 du Code civil.

L'article 546 dispose que :

[1] CA. Montpellier, 5 janv. 2012, n°11/04647

> « *La propriété d'une chose soit mobilière, soit immobilière, donne droit sur tout ce qu'elle produit, et sur ce qui s'y unit accessoirement soit naturellement, soit artificiellement.*
>
> *Ce droit s'appelle "droit d'accession"* ».

L'article 551 dispose que :

> « *Tout ce qui s'unit et s'incorpore à la chose appartient au propriétaire, suivant les règles qui seront ci-après établies* ».

Nous verrons qu'en matière de bail rural, les règles de propriété, à l'instar des baux commerciaux, ont fait couler beaucoup d'encre et la Cour de cassation a dû se prononcer à plusieurs reprises pour asseoir le principe de l'accession différée du bailleur à la propriété (**A**). En matière de vignes, ce n'est que récemment que la Haute juridiction a posé la même règle, uniformisant ainsi les pratiques (**B**).

A. Accession différée du bailleur à la propriété des constructions

En droit commun du louage, le principe selon lequel le preneur demeure propriétaire pendant la durée du bail, des ouvrages qu'il a réalisés ne pose pas de difficulté.

En matière de bail rural, si ce principe d'accession à la propriété du bailleur en fin de bail est aujourd'hui appliqué, il a donné lieu à des tergiversations jurisprudentielles et doctrinales.

Comme le rappelle le Professeur Roussel, « *Le bail rural statutaire se distingue des autres baux d'immeubles. Il constitue un bail d'exploitation* »[1].

Ainsi, en 1997, la Cour de cassation a rendu un arrêt « Dethune » aux termes duquel, elle a affirmé, pour la première fois en matière viti-vinicole, que les droits de plantation et de replantation sont attachés à l'exploitation :

> « *Attendu que, pour limiter la clause de reprise à la terre à appellation nue, l'arrêt retient que les droits de plantation et de replantation après arrachage doivent être considérés comme ayant un caractère mobilier appartenant à l'exploitant en considération de la personne duquel ils ont été accordés, qu'il soit propriétaire ou fermier ; qu'en statuant ainsi, alors que les droits de plantation et de replantation sont attachés à l'exploitation viticole, la cour d'appel a violé les textes susvisés* »[2].

[1] F. Roussel, « Le moment de l'appropriation des plantations de vigne par le bailleur de biens ruraux », Rec. D. 2021, p.1124

[2] Cass. 3e civ., 17 avr. 1996, n°94-13.521

En matière viticole, la plantation de pieds de vignes n'est possible que si elle a été dûment autorisée et nécessite donc des formalités de la part des acteurs. Les autorisations étant accordées *intuitu personae* et *intuitu fundi*, des discussions s'étaient imposées quant à la propriété des plantations durant l'exécution du bail.

Dans cette affaire, il était question d'un bail portant sur des terres à vignes non plantées, avec la précision qu'une fois plantées, le fonds devra rester en nature de vigne. La vigne fut plantée par le preneur après avoir obtenu les autorisations idoines et fut financée par le bailleur. Ce dernier souhaitant exercer son droit de reprise, le tribunal paritaire a été saisi et les juges du fond avaient limité la reprise à la terre, nonobstant ce qui était prévu par le bail. En censurant les juges du fond, la Cour de cassation énonce le principe selon lequel les droits de planter sont attachés au fonds et non au fermier.

Les auteurs saluaient cet arrêt et ceux qui ont suivi[1] qui confirmaient que les droits de plantation et de replantation sont attachés à l'exploitation, consacrant ainsi l'accession immédiate à la propriété du bailleur en matière de plantation.[23]

Ce courant semblait s'inscrire « *dans le contexte très singulier des plantations viticoles, avec une problématique claire : empêcher que le locataire qui effectue les plantations puisse, lors de son départ, les arracher pour*

[1] Cass.3e civ, 18 nov. 1998, n°96-22.102

[2] E. Agostini, « Père Noë qui plantâtes la vigne… », Rec. D, 1997, p.318

[3] C. et S. Crevel, « Les droits de replantation : une affaire enterrée ? », RD rur. 1999, p.294

récupérer les droits de replantation correspondants et les activer sur d'autres parcelles »[1].

En conséquence de cette accession immédiate, le bailleur devenait propriétaire des plantations réalisées par le preneur, empêchant ainsi ce dernier de pouvoir arracher durant le cours ou à la fin du bail. Il ne dispose alors que de la possibilité d'amortir ces plantations et de solliciter en fin de bail une indemnisation au titre des plantations réalisées mais également au titre de l'abandon des droits de plantation au bailleur[2].

Toutefois, la Cour de cassation est revenue par la suite sur sa jurisprudence.

Dans une affaire ayant donné lieu à un arrêt en date du 23 novembre 2017, la Cour de cassation a opéré un revirement largement commenté[3]. Ainsi, la Haute juridiction consacrait, en matière de plantation, le principe selon lequel le bailleur accède à la propriété en fin de bail.

En l'espèce, une société placée en redressement judiciaire avait cédé ses baux qui portaient sur des parcelles plantées de vergers et de peupliers. Le bailleur ayant coupé des peupliers, le nouveau preneur à bail saisissait la juridiction paritaire des baux ruraux aux fins notamment d'indemnisation. Reconventionnellement, le bailleur sollicitait la résiliation du bail et des dommages et intérêts au motif que le preneur avait arraché les arbres fruitiers.

---

[1] B. Grimonprez, « Bail rural - Plantations installées par le preneur à bail : l'accession du bailleur en différé », JCP N, 2017, 1341, n°50

[2] E. Agostini, « Replantation – Accession – Exploitation », Rec. D. 2000, p.139

[3] Cass. 3e civ., 23 nov. 2017, n°16-16.815

Les juges du fond avaient accueilli favorablement les demandes du preneur et débouté le bailleur.
La Cour de cassation reprochait à la Cour d'appel d'une part, de ne pas avoir recherché si les plantations n'étaient pas intervenues avant le renouvellement des baux, de sorte qu'elles seraient devenues la propriété du bailleur lors de ce renouvellement et d'autre part, d'avoir condamné le bailleur à des dommages-intérêts sans avoir recherché si ce dernier n'était pas devenu propriétaire des peupliers par voie d'accession à l'issue de la période de la relation contractuelle au cours de laquelle les plantations étaient intervenues.
Cet arrêt a permis à la Haute juridiction de consacrer le principe selon lequel le bailleur accède à la propriété des plantations en fin de bail et plus précisément, lors du renouvellement du bail initial[1].

Dès lors, il ne fait plus débat, que le bailleur accède à la propriété des plantations en fin de bail, permettant au preneur de retrouver une certaine autonomie dans son exploitation et de disposer librement de ses plantations. Sous réserve toutefois, que les parties ne prévoient pas de clauses dérogatoires. Ainsi, le preneur a toute liberté d'arracher ses plantations en cours d'exécution du bail.

Cette jurisprudence applicable aux vergers et peupliers n'a été transposée aux vignes que très récemment.

[1] F. Roussel, « L'appropriation et le régime des plantations dans le statut des baux ruraux », Rec. D., 2018, p.781

B. Conséquences en matière de baux viticoles et dérogations

Certains auteurs, dont le Professeur Roussel, soutenaient qu'en matière de vigne, le maintien de la jurisprudence relative à l'accession immédiate à la propriété du bailleur pouvait avoir de fâcheuses conséquences et appelaient de leurs vœux la Cour de cassation à harmoniser sa jurisprudence afin de restaurer un ordonnancement juridique cohérent[1].

Ce n'est qu'en 2021 que la Cour de cassation est venue clôturer les débats qui agitaient la doctrine sur le fait de savoir si l'arrêt de 2017 était transposable aux plantations de vignes.

Ainsi, aux termes de son arrêt du 04 mars 2021, elle énonce que :

> « *10. Ayant retenu, à bon droit, que le bailleur devient propriétaire des plantations à la fin du bail ou lors de son renouvellement, relevé que les baux d'origine ne contenaient aucune clause de renonciation des propriétaires à exercer leur droit d'accession sur les vignes plantées par le preneur et retenu, par une interprétation souveraine, exclusive de dénaturation, de la volonté des parties à l'acte du 11 octobre 1995, que les mentions de ce nouveau bail étaient insuffisantes à établir une telle renonciation des bailleurs, la cour d'appel en a exactement déduit, sans se contredire, ni inverser la charge de la preuve, que l'accession à la propriété des plants incorporés au sol*

[1] F. Roussel, « L'appropriation et le régime des plantations dans le statut des baux ruraux », précit.

> *s'était produite à l'échéance expressément stipulée dans le contrat initial, soit le 31 octobre 1995* »[1].

La Cour de cassation vient préciser toutefois, pour s'opposer à la demande du preneur d'autorisation d'arracher les vignes, que l'accession à la propriété du bailleur se fait à l'expiration du bail initial.

D'après le Professeur Roussel, cette solution retenue par la Cour de cassation doit être approuvée fermement dès lors d'une part, qu'elle rétablit l'unité du régime des travaux et investissements réalisés par le preneur à bail et d'autre part qu'elle ne remet pas en cause le principe de rattachement des droits de replantation, permettant ainsi d'empêcher le fermier d'arracher les pieds de vignes pour les replanter sur un fonds pour lequel les autorisations n'avaient pas été données[2].

Il convient de rappeler que ce principe d'accession différée à la propriété du bailleur en fin de bail ne vaut que pour autant que les parties n'aient pas contractuellement prévu de clause contraire.

En effet, les parties au bail peuvent librement convenir soit d'une accession immédiate à la propriété du bailleur, soit d'une accession différée après la fin du bail au cours duquel les plantations seront effectuées, étant précisé que dans ce cas, les juges seront très attentifs à la rédaction de la clause qui prévoirait une renonciation temporaire du bailleur à son droit de propriété. Dans un cas comme dans l'autre, les parties doivent avoir exprimé leur consentement de façon

---

[1] Cass. 3e civ., 4 mars 2021, n°19-26.343

[2] F. Roussel, « Le moment de l'appropriation des plantations de vigne par le bailleur de biens ruraux », précit.

claire et non équivoque. A défaut, le principe de l'accession différée en fin de bail sera appliqué.

Ainsi, dans la pratique, pour éviter au bailleur le risque que le preneur arrache les vignes en cours de bail, il peut être utile de prévoir une clause qui imposerait que la parcelle soit restituée plantée en fin de bail et qui pourrait être rédigée de la manière suivante :

> « *De convention expresse, les améliorations effectuées par le preneur sur les biens loués pendant le cours du bail, dans le respect des procédures légales, resteront sa propriété, quelle que soit la nature de ces travaux et agencements, jusqu'à la fin du bail et de ses renouvellements successifs, quelle qu'en soit la cause.*
>
> *Le bailleur ne sera pas tenu d'assurer la qualité et la permanence des plantations nouvelles ainsi réalisées.*
>
> *Le preneur pourra arracher les vignes ainsi plantées, mais à charge pour lui de les replanter à l'identique. Il s'oblige à souscrire toutes déclarations et à solliciter toutes autorisations requises pour ce faire* »[1].

Mais à l'inverse, pour protéger le preneur à bail, il pourrait être opportun d'insérer une clause qui tendrait à rappeler que le preneur conserve la jouissance des plantations qu'il a réalisées :

> « *De convention expresse, le preneur conservera la jouissance des améliorations et plantations réalisées par lui en cours de bail, de sorte que le bailleur garantit au preneur une jouissance paisible et s'interdit tout acte contraire* ».

---

[1] Dictionnaire permanent

Partie 2 – L'indemnisation des travaux de plantation réalisés par le preneur

Nous l'avons vu, à l'expiration du bail, le bailleur devient, par le jeu du principe de l'accession différée reconnu par la jurisprudence, hors les hypothèses où le bail prévoirait une accession immédiate, propriétaire des améliorations apportées au fonds par le preneur, et partant, des plantations réalisées par ce dernier au cours du bail.

Lors de la sortie du preneur, un compte doit être fait entre les parties afin de déterminer les éventuelles indemnités qui seraient dues au preneur au titre des améliorations culturales qu'il a apportées au fonds (**Chapitre 1**). Le preneur peut également être créancier du bailleur s'il a effectué, en ses lieu et place, des travaux et plantations qui lui incombaient (**Chapitre 2**).

CHAPITRE 1 – RÉGIME DES TRAVAUX RÉALISÉS AU TITRE DES AMÉLIORATIONS CULTURALES

En fin de bail, le preneur qui a apporté, par son travail, des améliorations au fonds peut prétendre à être indemnisé au titre de la plus-value générée. Ces travaux sont listés dans le Code rural et de la pêche maritime à l'article L.411-69 (**Section 1**). Ce droit à indemnisation du preneur nait à la fin du bail et le calcul est strictement encadré par les dispositions du Code rural et de la pêche maritime. Nous verrons qu'il est toutefois possible pour les parties d'organiser cette indemnisation (**Section 2**).

SECTION 1 – LES TRAVAUX INDEMNISABLES

Le principe de l'indemnisation du preneur des améliorations qu'il a apportées au fonds durant le bail est posé par l'article L. 411-69 du Code rural et de la pêche maritime qui dispose que :

> « *Le preneur qui a, par son travail ou par ses investissements, apporté des améliorations au fonds loué a droit, à l'expiration du bail, à une indemnité due par le bailleur, quelle que soit la cause qui a mis fin au bail.*
>
> *Sont assimilées aux améliorations les réparations nécessaires à la conservation d'un bâtiment indispensable pour assurer l'exploitation du bien loué ou l'habitation du preneur, effectuées avec l'accord du bailleur par le preneur et excédant les obligations légales de ce dernier. Il en est de même des travaux ayant pour objet de permettre d'exploiter le bien loué en conformité avec la législation ou la réglementation.*

En cas de vente du bien loué, l'acquéreur doit être averti par l'officier public ou ministériel chargé de la vente du fait qu'il supportera, à la sortie du preneur, la charge de l'indemnité éventuellement due à celui-ci.

Si la vente a eu lieu par adjudication, le cahier des charges doit mentionner la nature, le coût et la date des améliorations apportées par le preneur dans les conditions prévues aux articles L. 411-71 et L. 411-73. Cette mention est établie par l'officier public ou ministériel chargé de la vente d'après les indications fournies par le bailleur et par le preneur ; en cas de désaccord entre les parties, elle fait état des éléments contestés.

La demande du preneur sortant relative à une indemnisation des améliorations apportées au fonds loué se prescrit par douze mois à compter de la date de fin de bail, à peine de forclusion »[1].

Les règles d'indemnisation posées par l'article L. 411-69 du Code rural et de la pêche maritime conduisent à s'interroger sur les travaux qui ouvrent droit à l'indemnité (**A**) et les formalités préalables qu'il convient de respecter par le preneur (**B**).

[1] Article L. 411-69 du Code rural et de la pêche maritime

A. Les travaux ouvrant droit à l'indemnité

Pour pouvoir prétendre à une indemnisation, le preneur doit prouver que par son travail et ses investissements, les travaux qu'il a réalisés ont présenté une utilité pour le fonds.
Ainsi, il doit démontrer que les travaux réalisés constituent une amélioration utile, durable et régulière qui persiste après son départ.

Les améliorations apportées au fonds par le preneur excèdent donc les travaux d'entretien qui sont à sa charge durant le bail.

L'article R. 411-15 du Code rural et de la pêche maritime précise que :

> « *La preuve des améliorations mentionnées à l'article L. 411-69 résulte soit d'un état des lieux établi dans les conditions prévues à l'article L. 411-4, soit de tout autre moyen de preuve admis par le droit commun.*
>
> *Lorsqu'il est procédé à une expertise, celle-ci doit être établie conformément au plan d'inventaire déterminé par arrêté du ministre de l'agriculture et préciser la nature, le coût et la date des améliorations apportées par le preneur.*
>
> *La rémunération des experts est assurée d'après un barème forfaitaire*[1] ».

Naturellement se pose l'hypothèse, souvent rencontrée en pratique, de l'absence d'état des lieux d'entrée. Le preneur peut alors apporter la preuve des améliorations par tout

[1] Article R 411-15 du Code rural et de la pêche maritime

moyen. Il convient de préciser qu'en l'absence d'état des lieux à l'entrée, la présomption de bon état édictée par l'article 1731 du Code civile ne s'applique qu'aux seuls bâtiments, et non aux terres[1].

S'agissant plus particulièrement des améliorations culturales, la jurisprudence est revenue sur sa position initiale qui consistait à comparer strictement l'état des terres à l'entrée et à la sortie du preneur. Il est désormais possible par exemple, de comparer les rendements, la qualité des sols durant les cinq premières et les cinq dernières années, ou encore, de recourir à la méthode dite des bilans lorsque les terres étaient régulièrement analysées en cours de bail.

Si les juges ne sont pas tenus d'ordonner une expertise, il y est souvent recouru. L'expert doit alors respecter le plan d'inventaire qui a été fixé par arrêté du ministre de l'Agriculture du 31 octobre 1978 et doit préciser la nature, le coût et la date des améliorations qui ont été apportées par le preneur à bail[2].

En ce qui concerne les droits de replantation (aujourd'hui autorisations de plantation ou replantation) qui sont accordés pour planter ou replanter des vignes lorsqu'elles ont dû être arrachées, la question s'est posée de savoir si le preneur est libre, en fin de bail de disposer de ces droits, soit en arrachant les vignes, soit en les transférant au bailleur, en contrepartie d'une indemnité au titre de la plus-value qui serait apportée au fonds.

Lorsqu'ils sont attribués, les droits de plantation sont attachés à la personne du bailleur ou du preneur qui les

---

[1] Cass. 3e civ., 8 mars 1983, n°81-16.399

[2] Arrêté du 31 oct. 1978 – Plan d'inventaire prévu par l'article 849 du Code rural

obtient, tant qu'ils n'ont pas été incorporés au sol. Mais dès lors qu'ils sont plantés, ils deviennent rattachés au fonds et plus précisément, « *au fonds donné à bail, supportant l'exploitation viticole*[1] », ils deviennent ainsi les accessoires des biens immobiliers auxquels ils s'incorporent[2].

La Cour de cassation, de jurisprudence constante, affirme que ces droits de plantation et replantation ne constituent pas une amélioration culturale susceptible d'indemnisation :

> « *Les droits de plantation et de replantation attachés au fonds viticole donné à bail ne constituent pas une amélioration culturale de nature à autoriser le preneur sortant à exiger le versement d'une indemnité* ».[3]

Si certains s'émeuvent de l'impact économique de ces décisions sur la situation du preneur qui, par son travail, obtient ces droits et permet un enrichissement du fonds du bailleur (qui accroît ainsi son patrimoine), il n'en demeure pas moins qu'en droit, la solution doit être approuvée puisque seules les plantations peuvent donner lieu à indemnisation si elles améliorent le fonds[4].

Cette solution doit trouver à s'appliquer aux autorisations de plantation qui sont venues remplacer les droits de plantation depuis le 1e janvier 2016.
Une précision doit être faite, depuis le 1er janvier 2016, on ne parle plus de droit de plantation, mais d'autorisation de

---

[1] Cass. 3e civ., 24 mars 1999, n°97-14.303

[2] J. Cayron, « Organisation de la production et des marchés - Le nouveau régime des droits de plantation dans le secteur vitivinicole », nov. 2013, RD. rur., n°417

[3] Cass. 3e civ., 29 mars 2000, n°

[4] C. Pitaud, « Droits de plantation et indemnité au preneur sortant », JCP N, oct. 2020, n°42

plantation, d'autant plus qu'elles sont attachées à l'exploitant et non plus au fonds par incorporation.

Il convient de rappeler que l'article L. 411-29 du Code rural et de la pêche maritime exclut expressément l'indemnisation pour certains travaux, et notamment en cas de réorientation culturale :

> « *Nonobstant les dispositions de l'article 1766 du code civil mentionnées à l'article L. 411-27, le preneur peut, afin d'améliorer les conditions de l'exploitation, procéder soit au retournement de parcelles de terres en herbe, soit à la mise en herbe de parcelles de terres, soit à la mise en œuvre de moyens culturaux non prévus au bail. A défaut d'accord amiable, il doit fournir au bailleur, dans le mois qui précède cette opération, par lettre recommandée avec demande d'avis de réception, une description détaillée des travaux qu'il se propose d'entreprendre. Le bailleur peut, s'il estime que les opérations entraînent une dégradation du fonds, saisir le tribunal paritaire, dans un délai de quinze jours à compter de la réception de l'avis du preneur. Le preneur peut s'exécuter ou faire exécuter ces travaux si aucune opposition n'a été formée ou si le tribunal paritaire n'a pas admis la recevabilité ou le bien-fondé des motifs de l'opposition du bailleur.*
>
> *Sauf clause ou convention contraire, le preneur ne peut en aucun cas se prévaloir des dispositions prévues à la section IX du présent chapitre* »[1].

Cela peut être regrettable puisque par un changement de culture, le preneur peut apporter une réelle plus-value au fonds et l'améliorer. Ce texte précise toutefois que les

---

[1] Article L. 411-29 du Code rural et de la pêche maritime

parties peuvent convenir d'une indemnisation. Il conviendra donc, préalablement à toute réorientation culturale, d'envisager la possibilité pour le preneur d'être indemnisé. On pense notamment au plan d'arrachage sanitaire des vignes en Gironde.

Ainsi, en cas d'arrachage pour réorientation culturale, cela signifie que le preneur ne pourra pas justifier d'une indemnité. Là encore, une convention entre les parties semble indispensable avant de déposer un dossier de demande d'aide. C'est d'ailleurs en ce sens que semblent se positionner les professionnels consultés dans le cadre de la rédaction de ce mémoire.

Enfin, rappelons que le preneur ne pourra prétendre à indemnisation, que sous réserve d'avoir respecté les formalités préalables.

B. Les formalités préalables à la réalisation des travaux

Pour pouvoir prétendre à une indemnisation au titre des améliorations apportées sur le fonds en sortie de bail, le preneur doit avoir, préalablement à la réalisation des travaux, respecté les formalités fixées par le Code rural et de la pêche maritime.
Comme le relève le Professeur Prigent, « *il n'y a pas de travaux libres mais un degré de contrôle du bailleur variable selon la nature des ouvrages envisagés* »[1].
En fonction de la nature des travaux, les formalités seront différentes et nécessiteront soit une simple information du bailleur, soit son autorisation.

C'est précisément l'article L. 411-73 du Code rural et de la pêche maritime qui dresse la liste des travaux et les formalités requises.

Ainsi, vont nécessiter une simple information du bailleur :

- Les travaux d'amélioration de l'habitat ;
- Les travaux d'amélioration des bâtiments d'exploitation et des ouvrages incorporés au sol qui figurent sur une liste préfectorale ;
- Les travaux qui sont amortis au plus tard six ans après la fin du bail.

Le preneur qui souhaite réaliser des travaux qui ne seraient pas prévus par le bail, doit informer le bailleur et lui communiquer un état descriptif et estimatif deux mois avant l'exécution. Le bailleur dispose alors d'un délai de deux

---

[1] S. Prigent, « *Bail rural – Expiration du bail à ferme* », Rép. Civ., oct. 2013 (actualisation déc. 2022)

mois pour faire opposition en saisissant le tribunal paritaire des baux ruraux.
Le preneur ne peut donc exécuter les travaux que si le bailleur n'a pas formé opposition dans les délais, si le tribunal n'a pas admis la recevabilité ou le bien-fondé des motifs de l'opposition dont il a été saisi, ou encore si le bailleur n'a pas entrepris, dans le délai d'un an, les travaux qu'il s'est engagé à exécuter.

D'autres travaux vont en revanche nécessiter de recueillir l'accord préalable du bailleur :

- les plantations ;
- les constructions de bâtiments destinés à une production hors sol ;
- les travaux réalisés dans le cadre de la production et, le cas échéant, de la commercialisation de biogaz, d'électricité et de chaleur par la méthanisation.

Le preneur doit alors notifier au bailleur sa proposition. En cas de refus du bailleur ou à défaut de réponse dans un délai de deux mois, le preneur doit saisir le tribunal paritaire des baux ruraux.

A défaut pour le preneur de respecter ces procédures d'information ou d'autorisation, les travaux non prévus par le bail qui seraient réalisés en violation de ces textes ne peuvent pas ouvrir droit à indemnisation en fin de bail. Le preneur ne peut pas tenter de solliciter une indemnité sur un autre fondement.
Le preneur contrevenant s'expose également à des poursuites par le bailleur qui peut demander la suppression des travaux à l'issue du bail, ou en cours de bail voire à la résiliation judiciaire du bail si les travaux réalisés sont de nature à compromettre la bonne exploitation du fonds.

Si l'adage « qui ne dit mot consent » ne trouve à s'appliquer en matière de travaux d'amélioration apportés au fonds par le preneur, il n'en demeure par moins que le preneur peut se prévaloir d'une autorisation tacite du bailleur. Il lui appartient pour cela d'apporter la preuve de ladite acceptation.
Ainsi, il a pu être jugé que le bailleur a donné son autorisation de procéder aux travaux lorsqu'il s'est porté caution de l'emprunt souscrit par le fermier et qu'il a signé la demande de permis de construire.[1]

Il est une hypothèse où il est admis que le preneur passe outre l'autorisation du bailleur, en cas d'urgence exceptionnelle :

> « *Mais attendu qu'ayant retenu souverainement qu'il ne résultait d'aucune pièce du dossier que les bailleurs avaient donné leur autorisation écrite ou même tacite à l'exécution de ces travaux, la cour d'appel, devant laquelle aucune urgence exceptionnelle n'était alléguée, a légalement justifié sa décision de ce chef*[2] ».

Toutefois, en dehors de ces cas particuliers, le preneur, pour pouvoir prétendre à être indemnisé en fin de bail au titre des améliorations qu'il a apportées au fonds exploité, doit avoir au préalable respecté strictement les procédures imposées par le Code rural et de la pêche maritime, conditions nécessaires de l'ouverture du droit à indemnisation.

SECTION 2 – DROIT À INDEMNISATION

[1] Cass. 3e civ., 20 mai 1987, n°86-10.034
[2] Cass. 3e civ., 13 mars 1991, n°89-14.352

Pour pouvoir prétendre à une indemnisation au titre des améliorations apportées au fond par le preneur, il est nécessaire de démontrer l'existence d'un contrat de bail à fermage. Le preneur pourra y prétendre quelle que soit la cause qui met fin au bail. Il dispose alors d'un délai de 12 mois à compter de la fin du bail pour solliciter l'indemnisation, à peine de forclusion. Notons seulement qu'en cas d'exercice par ce dernier de son droit de préemption, il n'est pas recevable à demander ladite indemnisation.
Nous verrons de quelle manière l'indemnité est évaluée, au besoin en recourant au savoir d'un expert, ces règles étant posées par le Code rural et de la pêche maritime(**A**). nous verrons également que les parties au bail peuvent organiser conventionnellement l'indemnisation du preneur sortant en restreignant ou augmentant le périmètre des travaux indemnisables. Toute liberté contractuelle est laissée aux parties, sous réserve naturellement de ne pas déroger aux règles d'ordre public (**B**).

A. Evaluation et paiement des indemnités

Plusieurs méthodes peuvent être envisagées pour évaluer le montant de l'indemnisation due au preneur. La méthode retenue par le Code rural et de la pêche maritime consiste à retenir le montant des dépenses engagées par le preneur, à les actualiser au jour de l'expiration du bail, puis à en déduire l'amortissement acquis.

Certains auteurs regrettent, à l'instar du Professeur Prigent, que du fait de la déduction de l'amortissement, de nombreuses améliorations régulièrement apportées et entretenues par le preneur ne puissent lui ouvrir droit à indemnisation[1].

Le Code rural et de la pêche maritime précise, à l'article L. 411-71, pour chaque catégorie d'amélioration, le prix qu'il convient de verser au preneur en fin de bail. Il distingue selon les catégories suivantes :

- Les bâtiments et ouvrages incorporés au sol : l'indemnité due au preneur sortant est égale au coût des travaux, évalué à la date de l'expiration du bail, réduit de 6 % par année écoulée depuis leur exécution, sous réserve que les améliorations conservent une valeur effective d'utilisation ;
- Les plantations : l'indemnité est égale à l'ensemble des dépenses, y compris la valeur de la main-d'œuvre, évaluées à la date de l'expiration du bail, qui auront été engagées par le preneur avant l'entrée en production des plantations, déduction faite d'un amortissement calculé à partir de cette dernière date, sans qu'elle puisse excéder le montant de la plus-value apportée au fonds par ces plantations ;
- Les travaux de transformation du sol, les améliorations culturales et foncières : si ces travaux entraînent une augmentation du potentiel de production du terrain de plus de 20 %, les améliorations culturales ainsi que les améliorations foncières mentionnées à l'article L. 411-28, l'indemnité est égale à la somme que coûteraient, à l'expiration du bail, les travaux faits par le preneur dont l'effet est susceptible de se prolonger après son

[1] S. Prigent, « Bail rural – Expiration du bail à ferme », Rép. Dr. immo., oct. 2013, (dernière actualisation déc. 2022), n°698

départ, déduction faite de l'amortissement dont la durée ne peut excéder dix-huit ans[1].

Il convient de préciser que la créance est attachée à la personne du preneur à bail. Si ce dernier cède son bail à son conjoint ou un descendant, ou s'il l'apporte à une société, il peut céder ses améliorations et partant, le cessionnaire bénéficiera en fin de bail du droit à indemnisation.

L'article 555 du Code civil régit les rapports entre le propriétaire foncier et le « tiers constructeur » et précise notamment que :

> « *Lorsque les plantations, constructions et ouvrages ont été faits par un tiers et avec des matériaux appartenant à ce dernier, le propriétaire du fonds a le droit, sous réserve des dispositions de l'alinéa 4, soit d'en conserver la propriété, soit d'obliger le tiers à les enlever.*
>
> *Si le propriétaire du fonds exige la suppression des constructions, plantations et ouvrages, elle est exécutée aux frais du tiers, sans aucune indemnité pour lui ; le tiers peut, en outre, être condamné à des dommages-intérêts pour le préjudice éventuellement subi par le propriétaire du fonds.*
>
> *Si le propriétaire du fonds préfère conserver la propriété des constructions, plantations et ouvrages, il doit, à son choix, rembourser au tiers, soit une somme égale à celle dont le fonds a augmenté de valeur, soit le coût des matériaux et le prix de la main-d'oeuvre estimés à la date du remboursement, compte tenu de*

[1] Article L. 411-71 du Code rural et de la pêche maritime

l'état dans lequel se trouvent lesdites constructions, plantations et ouvrages »[1].

Le régime spécial prévu par le Code rural et de la pêche maritime et son caractère d'ordre public excluent l'indemnisation prévue par les dispositions de l'article 555 du Code civil ainsi que l'indemnisation fondée sur la théorie de l'enrichissement injustifié de l'article 1303 du Code civil.

La Cour de cassation a été amenée à se positionner sur la qualification et le régime de l'indemnisation du preneur qui replante une vigne âgée.
Aux termes de certaines décisions, la Haute juridiction considère que ces travaux ne constituent pas une amélioration du fonds susceptible d'indemnisation mais simplement l'obligation du bailleur d'assurer la permanence et la qualité des plantations de l'article 1719 4° du Code civil et refuse ainsi toute indemnisation fondée sur l'article L. 411-69 du Code rural et de la pêche maritime[2].
La Cour de cassation a pu, ponctuellement, juger que le preneur qui arrache des vignes anciennes et les remplace par de nouvelles plantations qui génèrent une plus-value pour l'exploitation peut prétendre à être indemnisé[3].

Dans un arrêt plus récent, la Haute juridiction a accueilli favorablement la demande d'indemnisation des preneurs à bail sur le fondement de l'article L. 411-69 du Code rural et de la pêche maritime. Ces derniers avaient pris à bail une vigne âgée et avaient réalisé des investissements notamment des plantations. Ils avaient restitué, en fin de

---

[1] Article 555 du Code civil
[2] Cass. 3e civ. 22 mars 2005, n°04-11.143 et Cass. 3e civ., 28 sept. 2011, n°10-14.933
[3] Cass. 3e civ., 19 févr. 1997, n°95-14.385

bail, une vigne en parfait état de production et sollicitaient donc une indemnité de sortie. La Cour retient le raisonnement des juges du fonds :

> « *qu'il y avait nécessairement amélioration du fonds dès lors que M. Z... avait loué une vieille vigne et restitué une vigne en état de production et relevé que le preneur sollicitait, non pas le remboursement du coût des plantations, mais l'indemnisation de l'amélioration apportée au fonds par ses investissements et plantations, duquel l'amortissement proposé par l'expert sur trente-neuf années devait être déduit, la cour d'appel, qui n'était tenue ni de procéder à une recherche ni de répondre à des conclusions que ses constatations rendaient inopérantes et qui n'a pas dénaturé le bail, a légalement justifié sa décision* »[1].

Mais globalement, la Cour de cassation refuse au preneur sortant toute autre forme d'indemnisation que celle qui est prévue par le Code rural et de la pêche maritime[2], quand bien même le preneur peut justifier et démontrer que les améliorations apportées au fonds ont permis de développer une activité et un domaine viticole de renommée permettant même au bailleur de le revendre à un prix bien supérieur à celui auquel il avait été évalué lors de l'entrée du preneur[3]. Les dispositions des articles L. 411-69 et L. 411-71 du code rural et de la pêche maritime, rien que ces dispositions.

Pour revenir au plan d'arrachage sanitaire des vignobles de Gironde, ces questions relatives aux indemnisations seront,

---

[1] Cass. 3e civ., 31 mai 2018, n°17-15.169

[2] F. Roussel, « Sortie de ferme : seule la valeur résiduelle des plantations doit être indemnisée », 2017, Dictionnaire permanent entreprise agricole – Baux ruraux et autres contrats d'exploitation

[3] Cass. 3e civ., 6 oct. 2016, n°15-18.796

à n'en pas douter, soulevées et retrouveront leur vigueur lorsque les preneurs, qui auront opté pour une réorientation culturale arriveront en fin de bail et solliciteront une indemnisation au titre des améliorations apportées à la suite du changement de culture.
Pour les praticiens, ces questions sont intéressantes à étudier.

B. L'ORGANISATION DE L'INDEMNISATION DU PRENEUR SORTANT

Il convient de rappeler que le statut du fermage est un dispositif d'ordre public. Dès lors, et conformément à l'article L. 415-12 du Code rural et de la pêche maritime, il n'est pas possible d'apporter des restrictions aux droits des parties. De telles clauses seraient réputées non écrites.

L'article L. 411-77 du Code rural et de la pêche maritime vient rappeler que le régime de l'indemnité due au preneur sortant est d'ordre public :

> « *Sont réputées non écrites toutes clauses ou conventions ayant pour effet de supprimer ou de restreindre les droits conférés au preneur sortant ou au bailleur par les dispositions précédentes* »[1].

Toutefois, comme bien souvent, il est possible de déroger, les parties pouvant, dans certains cas, retrouver une certaine liberté contractuelle sur le fondement notamment de la théorie des droits acquis.

Il est possible pour les parties de convenir d'une indemnisation pour des travaux qui n'en relèveraient pas

[1] Article L. 411-77 du Code rural et de la pêche maritime

normalement. Tel serait par exemple le cas d'un fermier qui procèderait à un changement de culture.
En principe, cela ne peut pas ouvrir droit à indemnisation, comme le rappelle l'article L. 411-29 du Code rural et de la pêche maritime. Toutefois, si les parties souhaitent, conventionnellement, déroger aux règles de cet article, elles le peuvent. Le preneur devra alors justifier qu'il a bien informé le bailleur de son projet de changement de culture et que celui-ci ne s'y est pas opposé[1].

Compte tenu du caractère d'ordre public du statut du fermage, la question s'est naturellement posée de la renonciation à un droit acquis.

Classiquement, il est possible pour le preneur ou le bailleur de renoncer à un droit qui est né et acquis.

En matière d'indemnisation des améliorations apportées au fonds, la Cour de cassation retient que le principe du droit acquis du preneur nait une fois que l'amélioration a été réalisée. Il ne faut donc pas se placer à la fin du bail, c'est-à-dire au moment où le montant de l'indemnisation est fixé pour déterminer la naissance du droit acquis du preneur.
En effet, une fois que le preneur a apporté des améliorations au fonds, il peut librement renoncer à une indemnisation à ce titre.

Rappelons toutefois que le preneur ne peut pas renoncer par anticipation à toute indemnité. Pour emprunter les mots de Talleyrand, « *si cela va sans le dire, cela ira encore mieux en le disant* ». En effet, la renonciation du preneur, ne peut être valable que pour autant qu'elle porte sur des

[1] Cass. 3e civ., 2 nov. 1992, n°90-21.850

améliorations qui ont d'ores et déjà été apportées au fonds, à défaut une telle renonciation serait nulle et de nul effet[1].

Si le preneur peut renoncer à être indemnisé pour une amélioration qu'il a apportée au fonds, il semble logique que les parties puissent également aménager conventionnellement, l'indemnisation.

Les parties peuvent également fixer conventionnellement le montant et le mode de calcul de l'indemnité.

A cet égard, le Code rural et de la pêche maritime prévoit, à l'article L. 411-77 :

> « *Toutefois, peut être fixée à forfait l'indemnité due pour la mise en culture des terres incultes, en friche ou en mauvais état de culture, à condition que ces terres aient été déclarées dans le bail* »[2].

Ce faisant, la loi ouvre une possibilité pour le bailleur de déroger à son obligation de délivrance.
Toutefois, ce mécanisme est strictement encadré. Le rédacteur du bail devra être attentif et veiller à ce que les terres incultes, en état de friche, ou en mauvais état, soient bien identifiées dans le contrat d'une part, et d'autre part, préciser que l'indemnité sera forfaitaire et en fixer le montant. Il est couramment retenu que l'indemnité consiste en une remise de fermage sur une ou plusieurs échéances.

---

[1] Cass. 3e civ., 21 févr. 1990, n°88-13.622

[2] Article L. 411-77 du Code rural et de la pêche maritime

Chapitre 2 – Régime des travaux réalisés en lieu et place du bailleur

Il arrive bien souvent, nous l'avons vu, que le preneur, du fait de l'inaction de son bailleur réalise, en ses lieu et place, des travaux qui en principe lui incomberaient. Ces travaux constituent-ils des améliorations apportées au fonds susceptibles de fonder une demande en indemnisation en fin de bail par le preneur ? Ou bien doivent ils seulement être considérés comme relevant de l'obligation du bailleur de l'article 1719 4° du Code civil et suivre son régime ?

Autant de questions auxquelles la Haute juridiction a eu à répondre pour finalement exclure le principe de l'indemnisation de l'article L . 411-69 du Code rural et de la pêche maritime (**Section 1**). Dès lors se pose la question du fondement juridique de l'indemnité susceptible d'être allouée au preneur qui a réalisé des travaux en lieu et place de son bailleur (**Section 2**).

SECTION 1 – DES TRAVAUX PAR PRINCIPE EXCLUS DU CHAMP D'APPLICATION DE L'ARTICLE L. 411-69

Il aura fallu attendre 2005, puis 2011 pour que la Cour de cassation se prononce clairement et fermement sur le régime juridique de l'indemnisation allouée au preneur qui a réalisé des travaux à la place du bailleur et qu'elle exclut l'application de l'article L. 411-69 du Code rural et de la pêche maritime (**A**). Nous verrons toutefois, que des exceptions semblent être envisageables dans des cas particuliers (**B**).

A. L'INTERPRÉTATION DE L'ARTICLE L 411-69 DU CODE RURAL ET DE LA PÊCHE MARITIME PAR LA JURISPRUDENCE

Il arrive fréquemment, nous l'avons vu, que le preneur à bail réalise des travaux qui, en réalité, lorsqu'ils n'ont pas été régulièrement mis à la charge du preneur dans le contrat de bail en application notamment d'un arrêté préfectoral, relèvent de l'obligation du bailleur d'assurer la permanence et la qualité des plantations.
Ces travaux peuvent représenter un coût certain pour le preneur qui, légitimement, peut souhaiter être indemnisé des frais exposés.
Le viticulteur, de par les politiques des pouvoirs publics, et de par le statut du fermage, est encouragé à apporter au fonds des améliorations.

Le Professeur Franck Roussel, relève, à juste titre selon nous, que :

> « *le statut du fermage et du métayage stimule-t-il les initiatives professionnelles du locataire en lui accordant une véritable faculté d'investissement qui lui*

> *permet, sous certaines conditions, de construire, de planter ou encore d'aménager le bien loué (art. L. 411-73 c. rur.). Et ce pouvoir se double de la reconnaissance du droit du fermier ou du métayer d'être dédommagé, à l'expiration du bail, par le bailleur de la perte des travaux et investissements qu'il a réalisés sur le fonds pris en location (art. L. 411-69 c. rur.)*[1] ».

La question donc du régime de l'indemnisation du preneur qui procède à des plantations ou replantations en lieu et place du bailleur s'est donc imposée, les preneurs sollicitant une indemnisation sur le fondement de l'article L. 411-69 du Code rural et de la pêche maritime.

On a pu penser que le régime des améliorations culturales pourrait être appliqué notamment lorsque le preneur a replanté des vignes devenues trop âgées.

Ainsi, en 1997, la Cour de cassation a rendu un arrêt qui laissait penser que l'arrachage des vignes obsolètes et leur remplacement pouvaient constituer une amélioration du fonds loué.[2]
Mais par un arrêt rendu le 22 mars 2005, la Cour de cassation a jugé, aux termes d'un attendu pour le moins concis que :

> « *Les travaux d'arrachage, de défonçage et de replantation incombant aux termes du bail à la bailleresse, ne constituaient pas une amélioration, mais l'obligation de la bailleresse d'assurer la*

---

[1] F. Roussel, « Remplacement de vignes âgées par le fermier : obligation d'entretien du bailleur ou amélioration du fonds loué ? », Rec. D., 2012, p.339

[2] Cass. 3e civ., 19 févr. 1997, n° 95-14.385

> *permanence et la qualité des vignes, la cour d'appel en a déduit exactement qu'ils ne relevaient pas de l'article L. 411-69 du Code rural* »[1].

A la suite de cette décision non publiée mais pourtant largement commentée, les auteurs s'interrogeaient sur la question de savoir si les travaux de remplacement du vignoble âgé pouvaient néanmoins constituer une amélioration du fonds ou s'ils ne devaient être réellement appréciés que sous le prisme de l'obligation du bailleur.

Il faut attendre 2011 pour que la Cour de cassation rende un arrêt, qualifié de « spectaculaire » par le Professeur Crevel[2] !

Aux termes d'un acte authentique, les parties à un bail rural étaient convenues de la résiliation partielle du contrat de bail qui les liait. Il était expressément indiqué que « *cette résiliation partielle est faite et acceptée, sans indemnité de part ni d'autre,* (le locataire) *n'ayant apporté aucune amélioration aux biens loués ne peut donc prétendre aux indemnités* [prévues par les articles] *L. 411-69 et suivants du Code rural* ».

Dans le cadre d'un litige initié par le bailleur pour des arriérés de fermage, le preneur, à titre reconventionnel, sollicitait une indemnité au titre des frais de replantation des vignes qu'il avait exposés, sur le fondement naturellement, des dispositions de l'article L. 411-69 du Code rural et de la pêche maritime.

---

[1] Cass. 3e civ., 22 mars 2005, n°04-11.143

[2] S. Crevel, « Indemnité due au preneur sortant - Permanence des plantations : un dû, pas un droit », RD, rur, nov. 2011, n°397

Pour débouter le preneur de sa demande, la Cour d'appel retient que :

> « *l'acte de résiliation partielle stipule que "cette résiliation partielle est faite et acceptée, sans indemnité de part ni d'autre, l'EARL Y... n'ayant apporté aucune amélioration aux biens loués ne peut donc prétendre aux indemnités prévus L. 411-69 et suivants du code rural", que cet acte ne distingue pas les indemnités, qu'il vise les articles L. 411-69 et suivants du code rural et donc celles de l'article L. 411-73 qui font immédiatement suite et qu'il n'est allégué aucun vice du consentement* ».

La Cour de cassation ne suit pas les juges du fond et casse l'arrêt :

> « *Qu'en statuant ainsi, alors que les frais de replantation ne constituent pas une amélioration mais l'obligation du bailleur d'assurer la permanence et la qualité des plantations et n'étaient pas visés par l'acte de résiliation, la cour d'appel a violé les textes susvisés* »[1].

Ainsi, les seules hypothèses qui permettraient au bailleur d'échapper à son obligation d'ordre public d'assurer la qualité et la permanence des plantations sont celles où le bail type départemental le permettrait d'une part, et si le preneur renonce à son droit acquis.

B. Un principe à nuancer

La lecture et l'analyse de la jurisprudence semble avoir toutefois tempéré quelque peu la solution radicale posée par

[1] 1 Cass. 3e civ., 28 sept. 2011, n°10-14.933

la Cour de cassation, notamment lorsque le preneur a pris à bail un fonds sur lequel la vigne n'était pas en état de produire.
Dans deux arrêts intéressants, rendus coup sur coup en 2018, la Cour de cassation a eu l'occasion de venir préciser sa jurisprudence.

Dans la première affaire, qui a donné lieu à l'arrêt du 31 mai 2018, un preneur avait pris à bail des parcelles de vignes. Aux termes dudit bail, une clause était insérée, laquelle prévoyait que le calcul de l'indemnité de sortie éventuellement due au preneur ne pourrait pas prendre en compte la valeur des plants de vignes, des installations, des piquets et fils de fer.
En réalité, le preneur avait pris à bail une vieille vigne et restitué une vigne en état de production. Dès lors, en fin de bail le preneur sollicitait une indemnisation pour les améliorations apportées au fond à hauteur de 4.773 euros sur le fondement de l'article L. 411-69 du Code rural et de la pêche maritime.
Le bailleur opposait la clause du bail et affirmait que le preneur avait renoncé à son droit à indemnité en fin de bail. La Cour d'appel a fait droit à la demande du preneur. La Haute juridiction, pour confirmer la décision de la Cour d'appel et rejeter le pourvoi formé par les bailleurs retient :

> « *Mais attendu qu'ayant exactement retenu que, dans le bail conclu le 12 mai 1973, M. Z... n'avait pas renoncé à son droit à indemnité, seul le montant de celle-ci étant affecté par la clause prévoyant qu'il ne pourrait être tenu compte ni de la valeur des plants de vigne, ni des installations, piquets et fils de fer, qu'il y avait nécessairement amélioration du fonds dès lors que M. Z... avait loué une vieille vigne et restitué une vigne en état de production et relevé que le preneur*

sollicitait, non pas le remboursement du coût des plantations, mais l'indemnisation de l'amélioration apportée au fonds par ses investissements et plantations, duquel l'amortissement proposé par l'expert sur trente-neuf années devait être déduit, la cour d'appel, qui n'était tenue ni de procéder à une recherche ni de répondre à des conclusions que ses constatations rendaient inopérantes et qui n'a pas dénaturé le bail, a légalement justifié sa décision »[1].

Sans revenir sur la distinction entre les dépenses que le preneur auraient faites en lieu et place du bailleur au titre de son obligation d'assurer la permanence et la qualité des plantations et les améliorations apportées au fonds de l'article L. 411-69 du Code rural et de la pêche maritime, la Cour retient que le demandeur ne sollicite pas le remboursement des frais engagés au titre des plantations faites en lieu et place du bailleur mais bien l'indemnité au titre des améliorations apportées au fonds pour la plus-value réalisée du fait du remplacement de la vieille vigne.

Ce faisant, la Cour semble ouvrir une brèche dans laquelle les preneurs, qui auraient assuré la permanence et la qualité des plantations en lieu et place de leur bailleur, pourraient s'engouffrer pour tenter d'obtenir une indemnisation sur le fondement des articles L. 411-69 et L. 411-71 du Code rural et de la pêche maritime, faute de pouvoir solliciter le remboursement des dépenses faites à la place du bailleur et qui seraient prescrites

[1] Cass. 3e civ., 31 mai 2018, n°17-15.169

Les auteurs appelaient de leurs vœux une clarification de cette position[1]. Ce fut chose faite au mois de septembre de la même année.

Dans cette affaire, qui concernait manifestement les mêmes parties, la Cour de cassation a confirmé sa décision rendue quelques mois plus tôt dans un attendu similaire :

> « *Mais attendu qu'ayant retenu, exactement, que le preneur ne peut, par une clause stipulée dans le contrat, renoncer valablement à un droit à indemnisation résultant de plantations réalisées plusieurs années après la conclusion du bail et, souverainement, que les informations réunies par l'expert désigné en commun par les parties confirmaient l'amélioration du fonds par la transformation d'une vieille vigne en une parcelle viticole en état de production et permettaient d'évaluer le montant des travaux du preneur et la durée d'amortissement, la cour d'appel, qui n'avait à procéder à des recherches que ses constatations rendaient inopérantes et qui n'a pas modifié l'objet du litige, a légalement justifié sa décision* »[2] ;

Ce faisant, la Cour de cassation confirme sa récente position selon laquelle les travaux de replantation assurés par le preneur en lieu et place du bailleur sont susceptibles de fonder un droit à indemnisation s'il en résulte une amélioration du fonds.
Le professeur Barthe semble se réjouir de cet arrêt et conclut qu'il semble « *désormais établi que les travaux*

---

[1] F. Barthe, « Replantations et améliorations - Faut-il distinguer frais de replantation et amélioration du fonds par replantation ? », RD, rur, nov. 2018, n°467
[2] Cass. 3e civ., 13 sept. 2018, n°17-10.492

entrepris par le preneur pour assurer la permanence et la qualité des plantations peuvent faire l'objet d'une indemnisation en application de l'article L. 411-69 du Code rural et de la pêche maritime ».[1]

Rappelons toutefois que le contexte était précis, le fermier avait pris à bail des vignes qui n'étaient plus en état de produire.

La Cour de cassation, un an après, rappelle au visa de l'article 1719 4° du Code civil que le preneur qui a effectué en cours de bail des travaux de replantation, n'apporte pas d'amélioration mais assure seulement l'obligation du bailleur d'assurer la permanence et la qualité des plantations.[2]

Ce faisant, il semble établi que si la vigne est déjà en production au moment de la conclusion du bail, le preneur ne peut agir que sur le fondement des dispositions du Code civil, il pourra alors demander le remboursement du coût des travaux qui incombent au bailleur, sans amortissement, ce qui est, dans certains cas plus avantageux.
A l'inverse s'il prend à bail des vignes improductives ou des terres à vignes, alors il devra agir sur le fondement des dispositions du Code rural et de la pêche maritime dans un délai de 12 mois à compter de la fin du bail.

Se pose toutefois la question de savoir si le preneur pourrait agir sur les deux fondements ? Affaire à suivre !

---

[1] F. Barthe, « Indemnité pour amélioration du fonds - Le preneur qui assure la permanence et la qualité des plantations améliore le fonds », RD, rur, déc. 2018, n°468
[2] Cass. 3e civ., 14 nov. 2019, n°18-18.202

SECTION 2 – LE FONDEMENT JURIDIQUE DE L'INDEMNISATION SOLLICITÉE PAR LE PRENEUR

Nous verrons que sur le fondement des dispositions de droit commun, le preneur peut solliciter le remboursement des frais qu'il a dû engager pour assurer la permanence et la qualité des plantations (**A**). Mais qui dit régime de droit commun, dit règles de prescription de droit commun (**B**).

A. L'INDEMNISATION SUIVANT LE RÉGIME DU DROIT COMMUN DES OBLIGATIONS

Il ne semble plus faire débat que le preneur à bail sortant, qui a procédé au remplacement de la vigne obsolète en lieu et place du bailleur, ne peut pas prétendre à être indemnisé sur le fondement de l'article L. 411-69 du Code rural et de la pêche maritime, sauf à démontrer qu'il aurait amélioré le fonds.

Il convient alors de revenir au droit commun du louage et aux règles fixées par le Code civil.

Le preneur peut solliciter une indemnisation sur le fondement de l'article 1719 4° du Code civil et prétendre au remboursement des sommes qu'il a engagées, et ce quand bien même le bailleur n'aurait pas autorisé préalablement l'opération.
En cela, l'indemnisation du preneur consiste donc ni plus ni moins qu'au remboursement des frais qu'il a engagés.

En droit commun du louage, notamment dans les rapports locatifs entre bailleurs et locataires, la loi du 1e septembre 1948 prévoit, à l'article 73, des dispositions particulières lorsque le preneur à bail effectue en lieu et place de son bailleur des travaux :

> « *Dans le cas où le locataire ou l'occupant est autorisé, soit amiablement, soit par justice, à effectuer les travaux d'entretien ou de réparation au lieu et place du propriétaire, le montant de la dépense restant à sa charge se compensera avec les loyers à échoir ; à défaut d'accord amiable, le juge fixera le montant de la somme qui pourra être retenue, sur chaque terme, par le locataire ou l'occupant. En cas de départ du locataire ou de l'occupant avant l'extinction de la dette, le juge fixera le délai et les modalités du remboursement dû* »[1].

Certains auteurs regrettent qu'un tel dispositif n'ait pas été prévu dans les règles qui constituent le statut du fermage[2]. En effet, lorsque le preneur, du fait de l'inaction de son bailleur est contraint de réaliser des travaux en ses lieu et place, il peut être amené à engager des sommes importantes.

Il est donc fortement conseillé aux parties, ou à tout le moins, à l'exploitant preneur, d'organiser conventionnellement son indemnisation résultant des travaux entrepris pour assurer la permanence et la qualité des plantations sur les terres qu'il exploite. Conventionnellement, les parties retrouvent toute liberté contractuelle.

---

[1] Article 73 de la loi n°48-1360 du 1e septembre 1948 portant modification et codification de la législation relative aux rapports des bailleurs et locataires ou occupants de locaux d'habitation ou à usage professionnel et instituant des allocations de logement

[2] F. Roussel, « L'organisation de l'indemnisation du preneur sortant », Defrénois

Si l'indemnisation du preneur pour les travaux qu'il a réalisés en lieu et place du bailleur peut sembler plus favorable puisqu'il ne subit pas les amortissements et peut donc demander le remboursement intégral des dépenses qu'il a engagées, il doit toutefois redoubler de vigilance quant au moment où il forme une telle demande et veiller à ne pas être prescrit.

B. LE REMBOURSEMENT DES FRAIS ENGAGÉS, SOUMIS À LA PRESCRIPTION DE DROIT COMMUN

Ainsi, une autre question soulevée par l'indemnisation du preneur qui a réalisé des travaux en lieu et place du bailleur est celle de la prescription.

Il a été vu que le droit à indemnisation du preneur qui a apporté des améliorations au fond sur le fondement de l'article L. 411-69 du Code rural et de la pêche maritime naît à la fin du bail et que la demande du preneur se prescrit au terme d'un délai de douze mois à compter de la fin du bail.

Puisque l'indemnisation du preneur relève du droit commun, la demande sera également soumise à la prescription quinquennale de droit commun de l'article 2224 du Code civil.
Dès lors, le preneur ne dispose que d'un délai de cinq années à compter du moment où il a réalisé les travaux pour former sa demande de remboursement. Au-delà, le couperet de la prescription tombera nécessairement.
C'est ce qui explique très certainement que nombreux sont les preneurs, qui prescrits, tentent d'intégrer les travaux qu'ils ont réalisés dans le giron des améliorations apportées au fonds.

La Cour d'appel de Dijon, dans un arrêt du 14 décembre 2017 en donne une illustration sévère[1].

En l'espèce, un viticulteur avait procédé, à ses frais, à la plantation de deux hectares de vignes, en application de dispositions du bail daté du 10 décembre 1998, qui stipulaient :

> « *Toutes plantations nouvelles de vigne ou toute replantation seront à la charge exclusive du preneur qui devra fournir à ses frais les plants, piquets et fils de fer, et engrais de façon à amener la vigne à un état de production correcte et normale* ».

Le preneur, dans la croyance erronée que lesdites plantations étaient à sa charge, y avait donc procédé.
Le bailleur avait saisi le tribunal paritaire des baux ruraux en résiliation judiciaire du bail pour manquement du preneur du fait, notamment, de la non-replantation des manquants, obligation mise à la charge du preneur par le bail comme on l'a vu.
Le preneur contestant le congé, sollicitait reconventionnellement le remboursement des frais qu'il avait engagés pour la plantation de deux hectares de vignes.

La Cour retient classiquement, qu'à défaut d'arrêté préfectoral au moment de la conclusion du bail, prévoyant la possibilité de faire peser le coût des replantations sur le preneur, une telle clause doit être réputée non écrite. Elle confirme néanmoins la résiliation du bail pour d'autres manquements du preneur et le déboute de sa demande d'annulation du congé.
Pour débouter le preneur de sa demande, et opposer une prescription, la Cour retient :

---

[1] CA. Dijon, 14 déc. 2017, n°16/00264

> « *Attendu que la demande de remboursement n'est qu'une conséquence de l'action en annulation de la clause litigieuse du bail relative à la prise en charge des plantations, de sorte que la prescription a couru depuis la conclusion du bail ou de son avenant ; qu'en outre, en retenant même comme point de départ la date à laquelle ont été exposés les frais présentés comme indûment réglés, il ressort des travaux de l'expert judiciaire que ces frais ont été payés en 1999* […], *2000 et 2001* […] *2005 et 2009* [….]
> *Attendu que M. X a présenté pour la première fois sa demande en remboursement dans les conclusions qu'il a déposée à l'audience tenue par le tribunal paritaire le 4 décembre 2015* […] ; *qu'il aurait dû connaître le contenu de l'article 1719 du code civil ;*
> *Que cette demande présentée plus de cinq ans soit après l'entrée en vigueur de la loi précitée* [loi n°2008-561 du 17 juin 2008], *soit après le paiement des frais exposés au cours de l'année 2009, se trouve donc entièrement atteinte par la prescription quinquennale* ».

La motivation ne manque pas de sel ! Alors même que le preneur, pensait agir en conformité avec le bail rural qui le liait au bailleur, la Cour, dans une leçon de droit, lui rappelle que nul n'est sensé ignorer la loi et qu'il n'a plus que ses yeux pour pleurer.

Cet arrêt illustre l'importance pour le preneur qui croyant, à tort ou à raison, être dans son droit lorsqu'il réalise les travaux en lieu et place du bailleur, de faire preuve de vigilance et de réactivité pour solliciter le remboursement des frais de plantations ou replantations.

Un autre arrêt de la Cour de cassation cette fois, illustre là encore la nécessité pour le preneur de faire preuve de diligence[1].

Ici, le bail mettait régulièrement à la charge du preneur les travaux de remplacement des ceps dépéris. Les dispositions du bail n'étaient pas remises en question. Toutefois, le preneur sollicitait une indemnisation sur le fondement des dispositions des articles L. 411-69 et L. 411-71 du Code rural et de la pêche maritime. Les bailleurs soulevaient la prescription. Les juges du fond avaient suivi l'argumentation du preneur et ordonné une mesure d'expertise en donnant mission à l'expert de chiffrer le montant de l'indemnité au titre de l'amélioration apportée au fonds. La Haute juridiction n'a pas suivi ce raisonnement et rappelle que le fondement juridique d'une telle demande ne peut être que celui de l'article 1719 4°. L'arrêt de la Cour d'appel de renvoi n'a pas été publié ou rendu, toutefois, à n'en pas douter, la prescription fera son œuvre.

Prudence étant mère de sûreté, on ne saurait que trop conseiller l'assistance d'un professionnel du droit tant au moment de la rédaction du contrat de bail que tout au long de la vie du contrat.

---

[1] Cass. 3e civ., 14 nov. 2019, n°18-18.202

Malgré la richesse, économique, intellectuelle et culturelle que représente le secteur agricole, force est de constater que peu de théoriciens ou de praticiens du droit s'interrogent sur les problématiques, diverses et passionnantes, que posent le droit rural des affaires et partant, celui des baux ruraux.

Le barreau de Marseille est composé de plus de 2.300 avocats. Pourtant, les praticiens spécialisés ou tout simplement qui pratiquent le droit rural se comptent sur les doigts de la main.

Ce mémoire a été rédigé par une avocate en droit des affaires consciente des réalités du contexte concurrentiel de sa profession, mais également d'une forte tendance à la numérisation de nombreuses activités jusqu'alors protégées des ardeurs de l'intelligence artificielle.

Notre société se numérise et les professions dites intellectuelles n'échapperont pas à l'évolution technologique qui marche à pas de plus en plus grands.

Que nous soyons en accord ou non, avec, ce constat n'est pas l'objet de la conclusion de ce mémoire.

Conscient des enjeux de l'évolution inéluctable (bonne ou mauvaise) de la société, le dirigeant professionnel du droit s'interroge de façon très concrète sur l'adaptation de sa pratique et de son expérience métier, que ce soit aux fins d'assurer les débouchés de son entreprise, mais aussi d'offrir un service adapté aux outils technologiques dont dispose tout un chacun.

Soit il convient de constater que la profession a vocation à muter vers une logique de traitement de masse des dossiers au moyen des outils numériques qui permettent un traitement toujours plus rapide et plus efficace des problématiques les plus courantes et les plus nombreuses. Soit il convient d'imaginer que les domaines les moins explorés du droit et qui concernent pourtant un volume important de l'activité économique, continueront de nécessiter la réflexion et la stratégie juridique, associées à la réalité du terrain d'activités non numérisables.

Ce mémoire a donc été rédigé à partir du postulat selon lequel le droit rural des affaires, et plus particulièrement celui de baux ruraux, de par sa technicité, son éclatement en d'innombrables pratiques locales, constitue l'un des domaines du droit qui pourrait demeurer sinon étanche, à tout le moins affecté de façon moins sensible que d'autres branches.

Après avoir consulté des professionnels du secteur (fédérations professionnelles, agriculteurs, éleveurs, notaires en milieu rural sur leurs attentes spécifiques en matière juridique), il s'est avéré que les problématiques afférentes aux obligations des preneurs et bailleurs, en matière de plantation, notamment en cas d'aléas tels que les maladies, constituent à ce jour des sujets peu étudiés et qui sont mécaniquement sources d'une grande insécurité juridique (donc financière et économique).

Il résulte de ces développements que le postulat selon lequel, à l'aune d'un changement climatique et d'une numérisation du droit qui rebattent les cartes de la profession d'avocat, le droit des baux ruraux reste un domaine juridique essentiel de l'activité agricole qui mérite un traitement par de professionnels spécialisés.

I. Traités et manuels

A. Guyvarc'hn B. Peignot, P. Van Damme, « *Le statut du fermage* », 2013, Ed. France Agricole

II. Répertoires et encyclopédies

E. Agostini, « Baux ruraux : entretien et reconstruction du vignoble », Rec. D., 2000, p.330
E. Agostini, « Replantation – Accession – Exploitation », Rec. D. 2000, p.139
B. Grimonprez, « Bail rural - Plantations installées par le preneur à bail : l'accession du bailleur en différé », JCP N, 2017, 1341, n°50
J. P. Moreau, « *Droits et obligations du bailleur* », 2022, JCl baux ruraux,. Fasc. 330
S. Prigent, « *Répertoire de droit civil – Bail rural* », Dalloz, 2022, n°169
S. Prigent, « *Bail rural – Expiration du bail à ferme* », Rép. Civ., oct. 2013 (actualisation déc. 2022)
S. Prigent, « Bail rural – Expiration du bail à ferme », Rép. Dr. immo., oct. 2013, (dernière actualisation déc. 2022), n°698

III. Articles

E. Agostini, « Père Noë qui plantâtes la vigne… », Rec. D, 1997, p.318
E. Agostini, « Permanence et qualité des plantations : revirement de jurisprudence », Rec. D. 1999. 343
F. Barthe, « Replantations et améliorations - Faut-il distinguer frais de replantation et amélioration du fonds par replantation ? », RD, rur, nov. 2018, n°467

F. Barthe, « Indemnité pour amélioration du fonds - Le preneur qui assure la permanence et la qualité des plantations améliore le fonds », RD, rur, déc. 2018, n°468
V. Bouchard, « Environnement - La reconnaissance de l'efficacité des clauses environnementales dans les baux à ferme « classiques » », DR. rur., 483, mai 2020, n°89
J. Cayron, « Organisation de la production et des marchés - Le nouveau régime des droits de plantation dans le secteur vitivinicole », nov. 2013, RD. rur., n°417
S. Crevel, « Obligation du preneur - La clause de restructuration subordonnée à la renonciation », RD. rur. 480, 2020, n°13
S. Crevel, « Résiliation du bail - Article L. 411-30 du Code rural et de la pêche maritime : tout peut disparaître », RD. rur., 397, nov. 2011, n°123
S. Crevel, « Indemnité due au preneur sortant - Permanence des plantations : un dû, pas un droit », RD, rur, nov. 2011, n°397
C. et S. Crevel, « Les droits de replantation : une affaire enterrée ? », RD rur. 1999, p.294
P. Fromont, « La Réforme du statut du fermage et du métayage » ., Presses Universitaires de France, 1949
C. Pitaud, « Droits de plantation et indemnité au preneur sortant », JCP N, oct. 2020, n°42
F. Roussel, « Le moment de l'appropriation des plantations de vigne par le bailleur de biens ruraux », Rec. D. 2021, p.1124
F. Roussel, « L'appropriation et le régime des plantations dans le statut des baux ruraux », Rec. D., 2018, p.781
F. Roussel, « Sortie de ferme : seule la valeur résiduelle des plantations doit être indemnisée », 2017, Dictionnaire permanent entreprise agricole – Baux ruraux et autres contrats d'exploitation

F. Roussel, « Remplacement de vignes âgées par le fermier : obligation d'entretien du bailleur ou amélioration du fonds loué ? », Rec. D., 2012, p.339
F. Roussel, « L'organisation de l'indemnisation du preneur sortant », Defrénois
T. Tauran « Résiliation du bail - La résiliation du bail et la destruction par cas fortuit », RD. rur., 388, déc. 2010, n°129

IV. Textes de loi – Règlements – Arrêtés – Codes

Ordonnance n°45-2380 du 17 octobre 1945 relatif au statut juridique du fermage
Loi n°46-682 du 13 avril 1946
Loi n°2006-11 du 5 janv. 2006
Loi n°2010-788 du 12 juil. 2010
Règlement (UE) 2016/2031 du Parlement européen et du Conseil du 26 oct. 2016, relatif aux mesures de protection contre les organismes nuisibles aux végétaux
Arrêté du 19 décembre 2013 relatif à la lutte contre la flavescence dorée de la vigne et contre son agent vecteur
Arrêté relatif à l'application du statut du fermage dans le département de la Gironde du 8 déc. 2021
Arrêté du 27 avr. 2021 du ministère de l'agriculture et de l'alimentation, relatif à la lutte contre la flavescence dorée de la vigne et contre son agent vecteur
Arrêté du 31 oct. 1978 – Plan d'inventaire prévu par l'article 849 du Code rural
Préfet de la région Nouvelle-Aquitaine « Appel à pré-candidater – Dispositif d'arrachage sanitaire de vignes en Gironde », juin 2023
Arrêté n°13-86-16 du 22 déc. 1986 portant approbation du contrat-type départemental de bail à ferme
Code civil
Code rural et de la pêche maritime

Contrat type de bail à ferme du 09 oct. 2014 – Département de la Gironde
Contrat type départemental de bail à ferme du 03 janv. 2012 – Département du Vaucluse

V. Décisions de justice

Cass. Soc. 14 mars 1958,
Cass. 1e civ., 25 oct. 1961
Cass. 3e civ., 8 mars 1983, n°81-16.399
Cass. 3e civ., 20 mai 1987, n°86-10.034
Cass. 3e civ., 21 févr. 1990, n°88-13.622
Cass. 3e civ., 13 mars 1991, n°89-14.352
Cass. 3e civ., 2 nov. 1992, n°90-21.850
Cass. 3e civ., 17 avr. 1996, n°94-13.521
Cass. 3e civ., 19 févr. 1997, n°95-14.385
Cass. 3e civ., 24 juin 1998, n°96-15.668
Cass.3e civ, 18 nov. 1998, n°96-22.102
Cass. 3e civ., 24 mars 1999, n°97-14.303
Cass. 3e civ., 21 juil. 1999, n°96-11.634
Cass. 3e civ., 29 mars 2000
Cass. 3e civ. 22 mars 2005, n°04-11.143
CEDH, 19 juin 2008, n°7801/03
CA. Besançon, 16 janv. 2009, n°2009-377918
Cass. 3e civ., 28 sept. 2011, n°10-14.933
Cass. 3e civ., 12 oct. 2011, n°10-24.338
CA. Montpellier, 5 janv. 2012, n°11/04647
CA. Nîmes, 28 janv. 2016, n°14/01037
Cass. 3e civ., 6 oct. 2016, n°15-18.796
Cass. 3e civ., 23 nov. 2017, n°16-16.815
CA. Dijon, 14 déc. 2017, n°16/00264
Cass. 3e civ., 31 mai 2018, n°17-15.169
Cass. 3e civ., 13 sept. 2018, n°17-10.492
CA Nîmes, 16 nov. 2018, n°16/05007
CA. Aix-en-Provence, 4 juil. 2019, n°19/03280

Cass. 3e civ., 14 nov. 2019, n°18-18.202
Cass. 3e civ., 12 déc. 2019, n°18-22.864
Cass. 3e civ., 6 févr. 2020, n°18-25.460
Cass. 3e civ., 4 mars 2021, n°19-26.343
CA. Bordeaux, 6 avr. 2023, n°20/04615
CA. Nîmes, 9 mai 2023, n°21/00654

VI. Sites internet

https://www.insee.fr/fr/statistiques/5039859?sommaire=5040030
https://www.gironde.gouv.fr/Actions-de-l-Etat/Agriculture-viticulture-foret/Dispositif-d-arrachage-sanitaire-en-Gironde

TABLE DES MATIÈRES

Structures éditoriales du groupe L'Harmattan

L'Harmattan Italie
Via degli Artisti, 15
10124 Torino
harmattan.italia@gmail.com

L'Harmattan Hongrie
Kossuth l. u. 14-16.
1053 Budapest
harmattan@harmattan.hu

L'Harmattan Sénégal
10 VDN en face Mermoz
BP 45034 Dakar-Fann
senharmattan@gmail.com

L'Harmattan Cameroun
TSINGA/FECAFOOT
BP 11486 Yaoundé
inkoukam@gmail.com

L'Harmattan Burkina Faso
Achille Somé – tengnule@hotmail.fr

L'Harmattan Guinée
Almamya, rue KA 028 OKB Agency
BP 3470 Conakry
harmattanguinee@yahoo.fr

L'Harmattan RDC
185, avenue Nyangwe
Commune de Lingwala – Kinshasa
matangilamusadila@yahoo.fr

L'Harmattan Congo
219, avenue Nelson Mandela
BP 2874 Brazzaville
harmattan.congo@yahoo.fr

L'Harmattan Mali
ACI 2000 - Immeuble Mgr Jean Marie Cisse
Bureau 10
BP 145 Bamako-Mali
mali@harmattan.fr

L'Harmattan Togo
Djidjole – Lomé
Maison Amela
face EPP BATOME
ddamela@aol.com

L'Harmattan Côte d'Ivoire
Résidence Karl – Cité des Arts
Abidjan-Cocody
03 BP 1588 Abidjan
espace_harmattan.ci@hotmail.fr

Nos librairies en France

Librairie internationale
16, rue des Écoles
75005 Paris
librairie.internationale@harmattan.fr
01 40 46 79 11
www.librairieharmattan.com

Librairie des savoirs
21, rue des Écoles
75005 Paris
librairie.sh@harmattan.fr
01 46 34 13 71
www.librairieharmattansh.com

Librairie Le Lucernaire
53, rue Notre-Dame-des-Champs
75006 Paris
librairie@lucernaire.fr
01 42 22 67 13